南瓜之車

啊南瓜
南瓜種在星子與星子
之間的雲泥上
開花，完熟，化成了
黃金的車輛

南瓜的籽是我們的夢
星圖是我們身世的臉譜
占星之學是我們的靈魂所
隨身攜帶的天平
在偌大的宇宙中
我們不會迷航
憑著地圖
靈魂有他最好的旅行方向

親愛的你
坐上黃金的馬車了嗎？

點燃灶神星的性能量

生命之火為誰燒

Vesta in Signs, Houses, Aspects

韓良露 著

韓良露
生命占星學院

興趣廣泛、身份多元的知名文化人韓良露，除了大家熟知的作家、媒體人及文化推動者身份之外，她也是藝文圈中最受重視的占星學大師。

二〇〇三年起她在金石堂金石書院（現龍顏講堂）開設占星課程，由於口耳相傳、好評不斷，課程一直持續到二〇一〇年才劃下休止符。在長達八年的四百多堂課中，她以歷史、哲學、心理學、社會學的角度，將占星的深層智慧化為生動的教學內容，讓大家在學習與命運對話的同時，獲得看待人生的更高視野。

這一系列課程不但架構了宇宙法則的邏輯，也融入她對人性與社會的觀察，但因資料整理工程浩大，成書計劃一直未能完成，為避免這些珍貴課程內容成為絕響，南瓜國際透過多年來數量龐大的上課錄音及相關資料，依據當時課程的規劃邏輯，整理成為系列書籍，期望能藉由文字重現精彩、動人且充滿智慧的上課盛況。

目錄

PART 2

灶神星星座——性能量的不同特質

PART 3

灶神星宮位——性能量燃燒於不同情境

PART 4

灶神星相位——性能量在人際關係中演出的情節

序

最好看的電影

人過中年，有的時候不免突發奇想，如果能夠跟以前年輕時期交往過的男朋友們見個面，看看對方現在在做什麼，看一下對方的星圖，找出我們當年是基於什麼緣分在一起，這會是一件多美好的事？

因為時過境遷之後，有的人早已船過水無痕，但也有的人到現在還覺得牽掛，例如我偶爾會想起一個高中時期交往的男孩。這倒不是因為舊情難忘，畢竟當年在一起的時候對他也並不特別好，但是現在想起來，感覺他就像是跟我失散的前世兄弟或小孩。最奇怪的是，當年我是在雙方沒有出問題的狀況下主動提出分手。我們會摟摟抱抱，甚至不只一次一起躺在床上，但是完全沒有發生性關係，因為我對他毫無性衝動。如果有他的星圖的話，應該就能知道背後的原因了。

可惜當年沒有跟他要出生時間，這讓我感覺情緒無法找到出口。他是我認識的男孩中最漂亮的，但當時我實在年輕——對年輕人來說，青春其實最不值錢，年輕的人不會懂得欣賞青春有多美。現在我已經老了，回想起來才想到當年他有多漂亮，可是在我年輕的時候，三十幾歲男人成熟的臉對我比較有吸引力。雖然當年我跟他在一起，但其實那個時候，我並沒有真正好好欣賞他的美。因為我也同樣擁有大把青春。

占星學之所以有趣，在於它不但可以解釋曾經發生過的事情，還可以讓你重新看到彼此之間沒有發生過的事——其實並不是沒有發生，但是那些都是隱藏的情緒。占星學的可貴在於它能夠讓我們觀賞宇宙的電影。如果大家可以透過占星學好好回顧自己的生命之旅，這也不失為跟自己生命交代的一種方式。因為它不只是過去之旅，它也是未來之旅，它可以讓我們看到曾經發生過事情底下的前因後果，也可以看到一些雖然沒有發生，但內心暗潮洶湧的伏流。

占星學並沒有辦法幫一個人活出生命的奧義，同樣的占星學，對不同人的生命，意義都不相同，本命星圖畫出了一張命運的草圖，如果想要將這張草圖核心的精髓表達出來，就必須要靠當事人認真體會。透過自己來了解生命能量，是一種無價的技術與藝術，越了解自己的本命星圖，越能了解生命課題中纖細的部分。

占星學是一個複雜的曼陀羅，我們零零碎碎學了這麼多的占星學知識，最後是為了要讓我們能夠理解到整個生命的曼陀羅祕法，但想要學會所有生命中有可能出現的功課，不可能光靠一輩子就能經歷完。生命中不管好事、壞事，都是我們生命能量跟世界能量的連結，不管這些風景是好是壞，都是千百劫輪迴的這場人生獨一無二的機會，在每一次人生旅程中，經驗得越完整，才越不會白活。

本命星圖中不同的狀況都會有相應的不同理論，只要它跟你有關，你都不完全毫無察覺，但就算你具有這樣的相位，也不能保證你一定可以將相關的功課學得很深入。同樣的星圖功課，有的人能夠透過生命，從中獲得很深的理解，有的人只能理解得很淺。至於可以理解到多深的程度，就要看你用什麼態度去面對了。

本書的主題灶神星跟火星一樣，它會顯示出當事人在性方面的情況與傾向。由於灶神星是一種藉由性跟他人產生連結的能量，而金星、火星卻不見得一定需要跟他人發生關係，因此相較於金星、火星，從一個人本命星圖的灶神星的星座、宮位、相位中，可以更為清楚的看出當事人在性關係上扮演的角色。

小行星是散落於小行星帶中無法凝聚成完整行星的天體，它們都代表了人類文明發展上的扭曲狀態。當人類面對灶神星課題時，可以說沒有人會沒有相關問題。

我的灶神星在獅子，落在跟性有關的八宮。灶神星八宮最符合古代提供性服務灶神星維斯塔女祭司的原始意義，這也代表如果活在古代，我具備成為維斯塔女祭司的能力——的確曾經有通靈者告訴我，我曾經在某一世過去世中擔任過羅馬的維斯塔女祭司。

灶神星八宮的人往往這輩子會跟很多人產生性的連結，我也不例外。我的灶神星落在八宮獅子，意謂著這些性連結是我的個人生命力的表達方式，因此直到遇到我先生之前，我年輕時的確跟不少人發生過性關係。

我先生的太陽在獅子，跟我的灶神星合相，跟我先生在一起之後，當然就不可能跟以前一樣為所欲為的繼續做灶神星維斯塔女祭司，所以我先生可以算是我這輩子維斯塔女祭司生涯的終結者。從目前看來，這件事情對我的生命來說，百分之九十算是好事，因為我的本命星圖中灶神星跟火星之間有九十度的衝突相位、跟水星有一百二十度的和諧相位、跟天王星合相。當我收斂起灶神星的肉體性能量時，灶神星的性能量就轉往發展水星的智慧追求。如果從趨吉避凶的角度來說，這當然是一件好事，可是我也經常在心中挑戰這樣的價值觀——避凶一定是讓生命成長的最好方式嗎？老天讓我們人生一場，如果只是要讓我們避凶的話，生命中險道的設計，豈不是就失去了意義？而如果不避凶的話，生命的成長又能夠到達什麼樣的狀態？

不過這當然純屬理論，畢竟我選擇了走入婚姻。其實我唯一懊惱的是在年輕的那段歲月中，我並不了解灶神星八宮的真正意義，等到我了解的時候，已經沒有機會了。如果當時二十幾歲的我就能了解靈性的目的，而不是只有肉欲的目的的話，豈不可以做得更好？占星學的美妙，在於藉由星圖面對跟過去相似的舊功課時，我們可以透過不同的眼光來看待生命中的新挑戰。如果我們可以透過這些法則，去理解所有的生命事件背後更高意義的話，不管面對任何人事物都會變得更有趣。

註　本文依據二〇〇七年「四小行星」相關課程錄音編輯而成。

PART 1

灶神星的生命之火

灶神星代表的是我們跟他人產生性的連結的意識，性是人類文明的火種。如果不是透過性，我們每個人根本不可能誕生在這個世界上，我們跟他人最重要的連結往往必須透過性，而我們生命當中許多重要的創造，也來自於各式各樣不同性能量的演化。性的本質在於生殖與創造，這兩者其實正是生命旅程當中最重要的兩件事。

灶神星跟火星都跟性有關。火星是我們原始的性欲，它在戀愛遊戲中比較重要，因為戀愛遊戲本身還沒有牽涉到承諾。火星很少在重要的婚配關係中出現，雖然火星原始性欲的爆發力很大，但是它若不是親密關係中的香料，要不然就會是親密關係中的毒藥。它絕對不會是親密關係的關鍵。

性意識不只是想做愛。想做愛是性意識，不想做愛是性意識，想要換個方式做愛也是性意識，如果你看到一個人會立刻想到絕對不要跟他上床，這也是一種性意識。所有跟性有關的表達、壓抑、扭曲、昇華，這些全部都是性意識。從灶神星當中，我們開始意識到性能量不是只能用於性行為，它也是我們跟他人之間產生親密感的重要能量。當我們跟他人形成連結時，性能量往往是很重要的關鍵。一對結婚多年的夫妻或許已經不再有性行為，但是他們彼此還是具有性意識的能量交流，包括了親吻、擁抱、牽手。當我們跟他人的關係不再只是個體的關係，我們會因此跟他人融合為一個新的個體，靠的絕非火星的性行為，而是灶神星的性意識。

Chapter/1

占星學失落的一環

古人將太陽運行的軌跡，畫成一個大圓，將這個三百六十度的大圓切成十二等分，這十二等分就是從牡羊到雙魚的黃道十二星座，每年的春分日設為牡羊座零度，走完半圈到了天秤座零度時，就是秋分日，也就是下半年的起點，再走完半圈又回到了牡羊座零度，也就是隔年的春分日時，一年也就這麼過去了。

占星學將每個人的誕生，都視為一個全新的小太陽，在出生這一刻從地平線冉冉上昇。因此每個人出生時，地平面與黃道交會的黃道座標度數，就是被大家稱為上昇星座的上昇點。以上昇點為起點，分出十二個生活情境，就是十二個宮位舞台。

十二個黃道星座，說明了地球上春夏秋冬的四季遞嬗，十二個宮位則以地平線為基準，探討一個人生命的崛起與殞落。雖然星座展現的是能量特質，宮位敘述的是實際的生命情境，但是十二個黃道星座分別跟十二個宮位情境，它們的本質，都是個體化完成的十二個不同階段。

這十二個階段又可以大致上分成三類：一宮到五宮是跟個人相關的情境，牡羊到獅子是跟個人特質有關的能量；六、七、八宮是跟人際互動相關的情境，處女、天秤、天蠍是三個跟他人互動相關的能量；九到十二宮則是社會、宇宙相關的大領域，從人馬到雙魚也都是個人與社會、宇宙交流的能量。

生命的個體化完成，起始於一宮的童年環境，以及掌管牡羊座的火星階段。在這個生命的最初階段，個體化就像一個剛出生的小嬰兒，發展重點是開始認知道什麼是「我」，我跟別人的差別在哪裡；之後進入二宮資源宮，以及掌管金牛座的金星階段，在這個時期小嬰兒開始會玩腳趾、摸頭髮、吮手指頭，開始意識到腳趾、頭髮、手指頭，這些都是「我擁有」的東西；接下來我們開始跟周遭環境產生交流，進入了三宮，以及由水星掌管的雙子領域；然後我們開始知道常常在我們的嬰兒床上扮鬼臉的那些人中，其中最重要的是我們的父母，因此我們進入了四宮家庭舞台，以及由月亮掌管的巨蟹座；我們了解這些事情，並且開始能夠自我表達、自我創造時，星座能量從牡羊走獅子，從火星走到了太陽，個體所有跟自我意識相關的能力也第一次發展完成。

然後個體化發展開始從外太陽系往外發展，從木星掌管的人馬／九宮中建構社會價值，從土星掌管的摩羯／十宮承擔社會責任，從天王星掌管的寶瓶／十一宮超脫社會價值，走到海王星掌管的雙魚／十二宮全然無私犧牲。這個由外而內，從火星走到太陽，再由內而外，從木星走到海王星彷彿雙螺旋般的路徑，藉由星座、宮位、主管星的互相關聯，精確的闡釋了個體化的發展過程。

但眼尖的讀者想必立即發現幾個疑問：為什麼有十二個星座、十二個宮位，卻只有十顆主星？為什麼十二宮／雙魚座的主星海王星外頭，還有一個冥王星？甚至冥王星還因為體積、重量不夠，後來被國際天文總會除名，被排除於行星行列之外。

這些問題的謎底，就藏在小行星帶的四小行星中。

小行星的不完整，親密關係的失落

前面提到個體化發展進程的雙螺旋中，從火星掌管的牡羊座走到太陽掌管的獅子，再由最近的外行星木星掌管的人馬座走到太陽系的邊緣海王星掌管的雙魚座，當中缺少的一環，就是跟四小行星有關的處女、天秤、天蠍。

一般的占星書會告訴大家，處女座跟雙子座共同歸水星掌管，天秤座跟金牛座共同歸金星掌管，但如果深入分析，大家會發現，雙子座重視跟周圍環境的溝通，歸訊息之神水星墨丘里掌管理所當然，這跟注重服務的處女座本質不同，處女座不會像雙子一樣純粹為了樂趣而聊個不停。金牛座注重色聲香味觸的美感，歸美之女神維納斯掌管理所當然，它跟注重平衡的天秤座也不相同。

在十二個星座的第六、第七、第八個星座，十二星座最中央的處女、天秤、天蠍這三個星座，處女、天秤找不到主星，掌管天蠍的冥王星重量不夠，位置也不對——它跑到海王星外頭很不合邏輯。

原因在於掌管處女、天秤、天蠍的是破碎於小行星帶的四小行星。處女、天秤、天蠍議題的難懂、複雜，就像無法聚合成獨立的完整行星、無法擁有完整軌道的四小行星，它們都跟人類文明發展中，一段被抹去的失落歷史有關。如果我們對於四小行星的議題不清不楚的話，就很難全面檢視人生議題，尤其是在人際互動的親密關係中感到疑點重重。

在四顆小行星中，穀神星（Ceres）與灶神星（Vesta）共同掌管處女座，它們分別代表了處女座的兩個不同面向；智神星（Palls）掌管天秤座；婚神星（Juno）與冥王星共同掌管天蠍座。他人即世界、他人即地獄，處女（六宮）、天秤（七宮）、天蠍（八宮）之所以難懂，四小行星的功課之所以難學，原因在於人類的演進到了這個階段，才脫離自我意識，第一次開始面對他人關係。

相較之下，在處女座之前的牡羊（火星）、金牛（金星）、雙子（水星）、巨蟹（月亮）到獅子（太陽），以及在天蠍座之後的人馬（木星）、摩羯（土星）、寶瓶（天王星）、雙魚（海王星）都不難理解。前者都只是以自我為本位，它們想要滿足的只是自己的願望，而後者也只是被社會與宇宙的集體意識推著走，它們也不複雜。

占星學從牡羊到雙魚，從一宮到十二宮，每一個星座與宮位都有其循序漸進的重要性，我們不能像玩跳格子一樣，在理解了牡羊到獅子的各種自我意識之後，如果不學好處女、天秤、天蠍的人際功課，就直接跳到人馬去發展社會我、宇宙我的話，這樣會出很大的問題。

個體從牡羊走到獅子，擁有了完整的自我意識與自我表達之後，從四顆小行星的處女、天秤、天蠍領域中，我們開始建立自我與他人、社會以及宇宙意識連結的橋樑。處女座代表的是自我與外界連結的不同反省、淨化、轉化階段，當個人開始與他人產生連結，就開始會因為個人需求與他人需求的矛盾而掙扎。

當一個人的發展不夠完整，個人就容易因為受到各種非個人的社會因素到宇宙因素的影響，而完全忽略了個人的需要。

一個人全部的人格發展如果完全為社會所用，這不見得是一件好事。一個對社會有很多貢獻的工作狂，他們很可能終身勞碌卻不知道自己到底要的是什麼，這個人一生就會有如棋子一般，身不由己被社會所操弄。人格的發展不應該為了大我的需要而完全忽略了自我需求。完整的人格發展應該是個人知道自己的自我需求，也知道如何跟他人連結，在這樣的基礎之下，先完成小我才能談得上完成大我。

Chapter/2

四小行星的人際課題

穀神星、灶神星、智神星、婚神星這四顆小行星非常重要，因為四小行星的課題，會讓一個人清楚的了解人與人之間的關係。（註）

牡羊、金牛、雙子、巨蟹到獅子是個體化發展的第一階段，其中包含了太陽的個人本位、月亮的個人情緒、水星的個人思考，以及金星、火星的個人情欲，從火星到太陽的完整個人意識發展完成之後，接下來的處女、天秤、天蠍階段，大家就要開始面臨自我與他人連結的小行星課題。

當個體發展到處女座時，因為意識到人我之別，個體能量開始想要尋求自我改善的

註　穀神星、智神星、婚神星相關書籍，即將於近日內陸續出版。

理性過程，它是個體發展中，一個人把眼光從自己移到他人身上的重要階段。

處女座與穀神星、灶神星

灶神星與穀神星共同掌管處女座，這兩個小行星分別反映出處女座的兩個特質。處女座的特質是服務，灶神星本質上是將自己的性能量燃燒，點燃自己同時照亮他人，而穀神星是一種為他人的奉獻，是一種對他人的撫育服務，藉由穀神星的養育，可以將人事物甚至一個觀念拉拔茁壯。

處女座可以分為兩種，灶神星型的處女座會特別關注於做他們自己想要做的事情，他們很擅於在這些事情上改善自我、精益求精，但他們對其他的事情全無興趣；穀神星型的處女座則特別擅長於服務別人。

處女座的星座特質本來就是工作狂，工作狂有可能會顯現在健康、賺錢，或者政治地位等等不同的可能，但當我們遇到一個處女座，他是灶神星型的處女座或是穀神星型的處女座，兩者的差別非常清楚。灶神星型的處女座比較理智，通常會給人一種比較冷硬的感覺，比較公事公辦；穀神星型的處女就比較柔軟，比較喜歡服務他人。

由於處女座同時受到灶神星與穀神星的影響，因此所有處女座強的人也必然都同時會具備灶神星與穀神星的特質，但兩者之中一定會有一方的影響力明顯強過另一方。

更簡單的說法是，愛吃的處女座做人都會比較和善，因為喜歡食物是穀神星型處女座的特點。如果相反，只要不愛吃東西的處女座往往就很不好相處，他們的自我要求標準一定很高，因為他們屬於灶神星型的處女。

穀神星的母職渴望跟月亮的母性情緒是不同的。當一個人月亮的母性被觸動而想照顧別人，滿足的是自己的母性情緒，他們照顧別人會感到很快樂，因為他們的月亮得到了滿足。但穀神星完全是為了他人而奉獻，它是一種出自於想要透過照顧而與他人產生連結的強烈需求，這跟當事人自己是否感到快樂無關。

穀神星代表了一種跟他人有關的母職，它跟月亮的不同之處，在於月亮代表的是自己要的安全感，以及一個人自我本能中的母性，它是一個人本能中可以展現母性情緒，以及被別人給予母性情緒的需求。這種本能有點像是小孩子餓了想喝奶，或者是母親不由自主想要愛自己小孩的情緒。可是這種月亮的情緒跟穀神星的餵養並不相同。月亮的情緒付出其實並不太選對象，但穀神星會選對象。

穀神星的母職，是指我們對一個跟我們有關的人、一個寵物或植物，一個因為他人而產生母職的需求。在穀神星的關係中，「他人」很重要。在穀神星的關係中，我們自己原本母性的情感，會因為他人而昇華、轉化成責任感。而這種責任感來自於跟他人的連結，奠基於對於母職的認可。簡單來說，穀神星就是保母或奶媽，它無法獨立存在，如果沒有需要被照顧的對象，保母或奶媽就沒有存在的意義了。

生育跟養育其實是兩件事，但由於大部分的母親同時扮演了生育者跟養育者角色，因此我們常常理所當然的將這兩個角色畫上等號。養育這件事非得透過長時間的關聯才能完成。月亮的生育，雖然會讓帶來母子雙方的血緣關係，但讓母親跟小孩關係很深的其實是養育的過程，如果一個母親生下小孩因故無法親自養育小孩，小孩可能日後就會跟母親很不親。

我們有時候會以為，付出實際照顧的穀神星比月亮高尚，但在占星學中，沒有哪個元素比另一個元素高尚。因為占星學講求的是所有能量的平衡，如果說穀神星比月亮高尚，就如同說護士比母親高尚般的不合理。我們盡責餵養家中的寵物，跟我們在路上看到了流浪貓狗產生的愛心，兩者並無高下之分。因此最好的狀況應該是我們遇到某些人，產生了一種由內而發的愛的情緒，而又能提供實質的服務。一個人因為被愛的情緒充滿而服務，這才是一個充滿能量的人。

愛的情緒與實質的照顧都很重要。照顧的實際行為代表了我們為願意為他人付出的承諾，我們因為意識到他人的存在，而願意為他人做些什麼，這件事情是重要的，但它不是一切。我們常常可以因為月亮帶來的情緒而愛上一個人，即使這個人並沒有照顧我們，或者我們並沒有實質照顧對方。否則我們每個人都會愛上在醫院裡照顧我們的護士了。最好的狀態是我們一方面擁有一種自發的愛的情緒，又同時能對他人付出。能夠產生自發的母性，同時又能盡母職。

穀神星代表一個人母性的本能，在與他人產生連結之後昇華轉化成為母職。母性是一種本能，而母職則必須得要能意識到他人的存在。很多人生命中的問題，在於有的人有母性但不盡母職，有人盡母職但缺乏母性。穀神星母職的存在，意謂著月亮的母性能夠跨越太陽的自我本位，而與他人產生了連結。我們得以意識到除了自我的存在之外，還有他人的存在。

但穀神星其實比灶神星單純，因為照顧、養育他人的母職，本質上算是一種勞務，相較之下，由於灶神星會以性能量跟他人產生連結，因此情形就比穀神星複雜很多。

灶神星代表了個體意會到自我的欲望開始跟他人產生關係。灶神星是一種性能量，它會將性欲轉化成各式各樣人際關係的連結。在生活中，可以挑起你的金星情感或火星欲望的對象可以有無數人。有時候因為行運的緣故，我們甚至在一兩天內會遇到好幾個跟我們的金星、火星產生相位的人，因此有可能同時對好幾個人都產生了欲望，但除非跟這些人有其他更深的星圖緣分，否則我們不會跟這些人真的發生關係，這些人不過是一種觸媒。他們引動的只是我們自己的金星喜悅與火星欲望。但灶神星產生的欲望不同。當自我的欲望，因為跟他人產生連結而昇華，就會帶來深刻的關係。

天秤座與智神星

四顆小行星都是透過他人來整合自己的功課。當個體發展到處女，藉由為他人服務，學會了自己與自己的整合，以及自己與他人的整合之後，接下來就進入了著重於平等、均衡理念的天秤座。天秤座歸智神星掌管，智神星代表個體在意識到心智溝通上，應該要能夠跟他人達成平等，要能意識到跟他人關係中，溝通的平等、正義的重要性。相較於水星的心智溝通在於表達自我意識，到了智神星的時候，心智溝通就由水星進入了更複雜的階段。

但也因為智神星太注重跟他人的理性溝通，所以我們常發現天秤座很強的人，他們往往會說很多公平、正義的話，可是這些話都會顯得很呆板，反而不如那些自說自話的雙子來得輕快討喜——如果一個人不關心自己的心智真正想要表達的是什麼，只關心自己跟別人是不是能夠溝通良好，這樣的溝通是有問題的溝通。

一個人生命中所有的能量運作都是一體的，沒有高下之別。一個人如果能夠流暢的展現各種層次生命能量，既能夠為了自我而表達，但表達自我的同時又能跟他人產生溝通的連結，他會是一個最有趣的人。

天蠍座與婚神星

婚神星指的是情愛如何與跟他人產生關聯。相較於金星代表的是我們對於情感的本能，婚神星則說明了愛如何走向對他人的責任，以及從喜歡如何變成了激情。

我們的金星可以喜歡很多人，但婚神星會使我們對少數人有強烈的激情。婚神星就像《小王子》裡面所說，世界上有無數美麗的玫瑰，但只有一朵玫瑰對他來說是獨一無二的。所以在親密關係進入到婚姻關係時，金星維納斯並不是婚神，婚神星朱諾才是——一對男女如果光靠金星就要結婚還得了？一對男女如果有婚神星的相位，才比較容易帶來婚約承諾。

金星對於情愛其實只想滿足自己。比如這陣子我常去的酒館老闆忽然喜歡上了一個客人，不時會送個咖啡或零食到她工作的地方請她吃，但這個客人是個有夫之婦，所以基本上這是一段無望的愛情。這個客人也完全沒有要跟這個老闆有什麼進一步發展的打算，但被人喜歡還是一件讓人心情很好的事。她也很享受有個愛慕者會偶爾送來一杯咖啡。她並不想讓這個關係變得太複雜，因此保持著兩三個禮拜才去小酒館亮一次相的頻率，藉此保持兩個人之間的一種情感張力——如果不去，張力會消失，去得太密集，搞不好後果會很嚴重。這兩個人就有太陽跟金星的關係。

而我發現到因為他們之間張力的存在，這段時間不管是這個老闆或這個客人看起來都能量高昂，這就像我們常說，一個人談起戀愛就會整個人神采飛揚，我們不能忽視情感帶有的能量。金星就是戀愛的喜悅，而這股能量會回到自己身上。但婚神星不是。婚神星是屬於愛人的部分。而問題往往也就出在這個地方：愛人愛到一個程度之後，就開始想要佔有對方，變成愛別人卻不愛自己，變得很醜陋，能量也變得很低。因為你完全忘了也要愛自己。

當一個人的婚神星跟別人產生了關係，兩人之間容易產生重要連結，因為婚神星是要給予愛、責任與認同，而金星不是。就像金星跟對方金星的合相，力道不如金星跟對方的太陽合相來得強。但即使金星跟對方太陽合相，我也從來沒見過誰光靠太陽跟金星就可以結婚——連婚外情都很難，太陽金星的相位就算彼此喜歡，要走到真的出軌外遇都不容易。太陽金星的相位會讓雙方很有好感，但緣分不夠。但老天為什麼要有這樣的設計？原因在於讓我們理解，生命當中不是只有會產生關係的愛才是有價值的愛，讓我們理解到愛這件事可以不被別人所控制。我們不會因為一定要跟對方發生關係才有愛的感覺。「愛」有很多不同面向的能量。其中有一個部分完全是只跟自己有關，因為他人而觸動了這種自戀的感覺，對我們自己也很好。

但如果只有金星沒有婚神星的話，完全陷入自戀的人也很可怕。一個人如果只會自戀而不會愛人，也不懂得怎麼跟他人產生連結，這種人也很討人厭。

占星學為大家剖析各種能量的本質是什麼，探討當一個人陷在這種能量裡時，會因為執著於這個能量而出現的問題，進而協助大家有所提升轉換。

人際關係的重要階段：處女、天秤、天蠍

星圖的結構設計，其實就是最好的靈修架構。每一個星座都是靈魂演化過程中的一個驛站，前一個星座的終點，就是下一個星座的起點。處女、天秤、天蠍分別代表自我與他人身體、心智、情緒的連結，這三個階段並沒有高下之分，三者缺一不可。一個天秤很強的人可能討厭跟他人身體相連，他們與他人相連時，就會靠著打高空過日子，

他們以為的和平相處，事實上根本就是不投入，表面上像是好好先生、好好小姐，其實從頭到尾都只是理性控制的結果。最好的天秤座必須能夠將前面的處女與後面的天蠍銜接，他們可以有一部分能像處女一樣獨立，有一部分能像天蠍一樣激情。最好的天秤座就是能在處女的自願奉獻跟天蠍的激情佔有的糾纏中，找到理性的夥伴關係與婚姻關係的可能性。他們要在處女座的強烈感官與天蠍座的強烈情緒中找到平衡點。

處女座的肉體連結純粹是一種奉獻，處女座的性能量就像維斯塔女祭司，每次提供性服務後便閉關隱退，其實也意謂著在性儀式當下，兩人產生連結，當儀式結束，彼此兩不相干。維斯塔女祭司不會因為上了床之後就要求跟你結婚（這是智神星／天秤／七宮的領域），也不會因為上床而要求分你的財產（這是婚神星／天蠍／八宮的領域）。

如果沒有從灶神星、智神星、婚神星體驗到與他人連結時的各種情境，我們無從理解為什麼我們會需要木星的倫理、哲學，以及土星的社會制約。

如果我們跟他人之間，沒有經歷深刻的身體、心智、情緒相連課題，我們就無法理解我們的金星是多麼自戀、我們的火星是多麼衝動、我們的太陽是多麼虛榮、我們的月亮是多麼的缺乏安全感。

從灶神星／處女座開始，人類已經進入了用身體跟他人產生深刻連結的範疇，但這個階段中的性，依然具有獨立自主的性質。灶神星／處女座的性能量使雙方肉體相連，但要等到進入智神星／天秤領域，才開始跟他人產生合作協定的心智相連，到了婚神星／天蠍領域，才開始跟他人產生佔有欲的情緒相連。也就是說，我們必須歷經三個不同階段，才能夠學到跟他人相連的完整功課。學完這三種功課之後，我們才能進一步學好木星／人馬、土星／摩羯、天王星／寶瓶、海王星／雙魚的生命法則。

Chapter/3

灶神星的性火種

在現存的各種神祕學理論當中，最理解灶神星（Vesta）的就是印度神祕學。灶神星的生命之火，其實指的就是印度神祕學中的拙火（Kundalini），它是潛藏於每個人脊椎骨尾端海底輪的性能量，就像搖滾詩人吉姆莫里森（Jim Morrison）的名曲「Light My Fire」一樣，一個人生命中的所有活動，都源自於這把由海底輪點燃的性之火。

灶神星的性之火，並不僅限於跟別人上床的性交，它也是我們跟自己身體裡面性能量之間的關係。它不只影響到一個人內在的性能量平衡與否，它也會影響到我們以性能量跟他人產生連結的情況。如果一個人自己跟自己內在的性能量無法和諧相處，自己無法跟自己結合，他就可能會藉由跟很多他人結合的性行為來獲得補償；相反的，如果一個人在性上面過度壓抑、過度膽怯，不敢跟別人發生性行為，也代表這個人可能厭惡自己的身體，他可能無法坦然面對自己的身體，因而不敢讓自己的身體跟別人產生連結。

在印度神祕學奧義中，灶神星講的就是人最內在的性能量。性能量是所有人類文明的火種，不管是種族的繁衍，或者是人與人之間產生關聯，人類的文明之所以能夠發展，靠的都是性能量的火種。在四個小行星當中，灶神星並不是最大的小行星，可是它是唯一有可能用肉眼看得到的小行星——這也很符合灶神星跟拙火之間的關聯。

灶神星的神話

在希臘神話當中，土星薩頓（Saturn，即希臘神話中的克羅諾斯〔Cronus〕）由於擔心王位被子女推翻，因而每當妻子奧普斯（Ops，即希臘神話中的瑞亞〔Rhea〕）生出一個小孩，小孩就會被他吞入腹中。灶神星維斯塔（即希臘神話中的赫斯提亞〔Hestia〕）是第一個出生，也是第一個被吞掉的小孩。最後奧普斯再也受不了子女被吞，所以生下木星朱庇特（Jupiter，即希臘神話中的宙斯〔Zues〕）時，她用一塊大石頭假裝成剛出生的嬰兒讓薩頓吞下，後來朱庇特長大之後，也果然如預言所說推翻了薩頓，逼薩頓將所有吞下的小孩吐出來。

儘管神話裡面並沒有說明為何第一個被吞下的小孩是維斯塔，但我對這個神話有一個看法：宇宙由海王星、天王星的宇宙法則進展到土星時，物質世界法則開始建立。但土星物質世界的地球法則必須藉由灶神星、穀神星等小行星，才得以開始跟人產生連結。再從小行星的人際互動中，進展到木星的社會法則。

灶神星、穀神星、智神星與婚神星，這四顆小行星都跟人與人之間的事物有關。從宇宙發展的進展是由大至小，先訂出了天王星、海王星的宇宙大法則之後，再逐步推向各種小法則。灶神星是土星薩頓跟奧普斯生下的第一個小孩，意謂著灶神星課題就是地球法則出現之後，開始跟人產生關聯的第一個課題。灶神星法則如果沒有出現，後續的法則也就無從建立了。

灶神星維斯塔的前身是希臘的赫斯提亞，而它又可以再往前推，追溯到小亞細亞美索不達米亞文明的童貞女，大家不妨先拋開我們對於「處女」的既定印象，細說從頭，看看這個概念如何一路不斷改變。

不斷改變的童貞女概念

在美索不達米亞文明中，處女最早代表的是為神服務的女祭司。她們從六歲開始學習各種祭神的儀式，並且履行三十年服務義務。這是一個終身奉獻的神聖職務，絕非偶一為之的工作。它跟現代「處女」概念的最大差別，在於早期處女的職責中，包含了性服務。照現在的標準來看，提供性服務的女性應該是妓女而非處女，但維斯塔女祭司是為了神聖的目的而提供性服務。許多在性方面有問題的人，會到神廟中尋求女祭司協助，請女祭司幫他們解決各種跟性有關的困擾，透過性的連結，讓他們生命中某一部分的壓抑或不平衡，可以得到紓解與療癒。

當時這些神聖處女的身分跟一般女性不同。她們不會結婚，因此永遠不會屬於任何一個來殿堂找她們的男性。就像大家感冒會去耳鼻喉科診所看病時，並不見得認識看診的醫生，跟女祭司發生性關係的也並非她們的情人或丈夫。她們不被任何人擁有，也不被女性的世俗責任占有，她們既不需要盡為人妻子的責任，也不擔任母職。這些神聖處女有辦法提供三十年性服務卻不懷孕，可見她們都是在性方面打通任督二脈、受過訓練的專業人士。

維斯塔提供神聖的性服務，她們原則上不受孕，唯一的例外是如果國王跟王后無法生育，維斯塔的神聖性服務就得肩負為國家生下繼承人的責任。灶神星提供的性能量服務跟月亮的生育並不相同。月亮受孕是為了要成為母親的私人目的，灶神星維斯塔則是出於公眾利益，為了社會目的而受孕，她們可說是一種代理孕母。相較之下，穀神星則完全與受孕無關，穀神星提供的是養育小孩的實際服務，基本上可以說是保母或奶媽。

當國王與王后無法生育時，維斯塔會在殿堂中舉辦神聖的性儀式，讓十二個維斯塔女祭司跟十二個男性混合雜交。由於古代沒有DNA親子鑑定技術，雜交儀式受孕後無法判斷誰是小孩的父親，因此這些小孩等於是老天給的神之子。也因此，有一派學者認為，耶穌其實就是維斯塔神聖童貞女受孕生下的神之子，這個故事並不像後世流傳的版本這麼神祕。

終身不婚、完全獨立自主、不歸任何男性擁有的維斯塔童貞女，她們的工作很神聖，地位很崇高，在羅馬早期還深受希臘影響的時期，她們享有很多特權，例如在路上遇到綁赴刑場的囚犯時，她們可以攔路赦免，也可以負責處理遺囑或公共財產。此外，她們死後也可以跟貴族一樣，享有葬在羅馬城內的權利。但當羅馬由共和進入了帝國時期，維斯塔的身分也開始改變。她們由提供神聖性服務，轉變為家庭、社區服務的功能。

在神話奧義的演變過程中，許多原始的意涵會轉變成儀式，到了後來，往往這些儀式會取代了真正的原始意涵。

灶神星本來指的是潛藏於海底輪的性能量生命力火蛇，後來基於儀式需求被具象化為聖火的火種。然後又進入了家宅中，成為家家戶戶的灶神。對每個家庭來說，灶神之火終年不滅，凡是女兒出嫁時，母親都要將家中灶神分火，讓女兒將火種帶入新的家庭中。這個儀式是母系社會的重要傳承。

灶神星維斯塔曾經是代表社會、國家的重要主神，不管早期美索不達米亞文明，或者是希臘文明中，保護灶神星殿堂火種是最重要的事。灶神星神廟外必然有重兵駐紮，它一定是一個國家最終的防衛處。

灶神星的永恆之火不能熄，但供奉於殿堂中的灶神星只是一個象徵，真正不能熄的是海底輪中的生命之火。一個人必須任督二脈通，才可能天地人合一。可是到了最後，靈性意義被象徵的儀式取代，大家已經不管自己生命之火的能量是否暢通，只管家裡祀奉灶神的火有沒有熄，只管國家殿堂中的火有沒有熄。

灶神星的靈性意涵在進入羅馬帝國時代時，已經變得混亂。她的地位在西元五世紀後更是一落千丈。跟所有的信仰一樣，當時過境遷，神聖的廟堂往往成為了生意場所，當灶神星的女祭司只是提供性服務而失去靈性意義時，她們就跟妓女沒什麼兩樣了。由於備受抨擊，灶神星維斯塔到後來逐漸去性化，不再提供性服務，她們立誓守貞禁欲，如果破誓懷孕，就會慘遭活埋。

由早期的提供神聖性服務，到後來必須完全禁欲，這個過程顯示出父系社會對女性性自主權的控制越來越強——女性的子宮，必須是男性血脈傳承的工具，女性的性必須受到管理，因為若非如此，男人永遠無法確知小孩到底是不是自己親生的血脈。時至今日，只有雲貴邊疆或尼泊爾少數父系社會影響較小的地區，還保有母系社會中的童女傳統。

後來隨著羅馬帝國獨尊基督教，灶神星的信仰也被視為異教，在西元三九一年時，狄奧多西一世（Theodosius I）關閉了維斯塔聖殿，灶神星的聖火也隨之熄滅。灶神星維斯塔原先由國家、社會、家庭的不滅火種，到西元三、四世紀必須完全禁欲，連性都必須受到父權管理，地位已經大幅跌落，更別提後來被視為異教，許多女祭司們都因此被處死。

儘管維斯塔的身分、地位不斷的改變，但是女性選擇終身奉獻為神服務、不歸任何男性擁有，已經成為一個深植人心的概念。進入了基督教時代以後，這個概念就轉變成了修女。

人際議題的關鍵：從處女、天秤、天蠍學習能量昇華

十二個星座，代表了個體化完成的十二個階段。前五個星座探討的都是跟個人有關的議題。從牡羊、金牛的火星、金星個人情欲，雙子的個人心智，巨蟹的個人安全感，一直到獅子座時，由於個體的身心發展完成，因而到達自我表達與自我創造階段，所以很多獅子座很自戀。他們可以透過兩種方式傳達自戀：第一種方式是生個小孩，透過生理的基因複製自我；第二種方法透過小說、戲劇、表演等方式，藉由創作將自己的心智複製、表達出來。

在四顆小行星中，穀神星跟灶神星共同掌管黃道第六個星座處女座，智神星掌管第七個星座天秤，婚神星則與冥王星共同掌管第八個星座天蠍。

如果將灶神星的性跟婚神星做個比較，婚神星的性受到婚姻保障，是一種婚後性行為。婚神星跟與其掌管的天蠍座的性，本質上是一種資源的佔有，因此它們都跟妒忌有關，當它們擁有的資源被第三者搶走時，會是一件很嚴重的事。

相較之下，灶神星則是一種婚姻狀態之外，甚至與婚姻無關的性，灶神星跟它掌管的處女座都跟妒忌無關，它們不會想要佔有對方。所以星圖中處女很強的人，例如太陽處女、上昇處女、月亮處女，這些人往往是最好的外遇對象。因為他們可以上床，但是不會逼你離婚，他們不會一定要擁有你。我認識很多台北有名的情婦，她們都是處女座。處女座很強的人常常會當女秘書，而不少女秘書又常常會是老闆的情婦，其中的關聯頗堪玩味。

性與灶神星、處女座的關係

處女跟天蠍這兩個星座跟性非常有關。大家在學占星的時候，一定會發現，處女座符號跟天蠍座符號非常相像。兩者的差別，在於天蠍座尾端往外勾，代表能量傳給對方；處女座符號的右下角往內收，代表能量回到自己。處女座會因為跟他人連結而充滿性能量；天蠍座則透過性行為來擺脫性能量——天蠍本身充滿了性意識，如果他們可以透過性行為而脫離性意識，他們才會比較容易讓能量昇華。

我有個朋友因為工作關係，一年到頭不斷往返於兩岸三地，他對尋花問柳特別有興趣，也特別有研究。不管有上床或只是應酬陪酒，他都會詢問這些從事特種行業小姐的太陽星座，並且記錄下來，我從他口中得到了很多寶貴的第一手資料。

在他的數據中，處女、天蠍這兩個星座從事性服務相關工作的女性，數量遠遠超過其他星座，而且做得最好。她們可說是這一行的翹楚。其次是獅子，因為獅子有點愛慕虛榮、愛漂亮，喜歡名牌、珠寶等等奢侈品，但缺點是獅子座常常有點跩。此外也有不少金牛、雙子、天秤、摩羯。摩羯座往往三兩下就會轉型成為媽媽桑，很快的就會擁有權力成為管理者。也有一些牡羊會從事這類工作，但牡羊座通常做不久，很快就會離開。在他接觸這麼多特種行業女性的經驗中，最少遇到的就是人馬跟寶瓶。就他的說法，他懷疑人馬、寶瓶可能做不到一天就被老闆開除——畢竟做這一行也得很重視紀律。

性長久以來一直遭到污名化。灶神星與其掌管的處女座的性能量不為自己，也無所求，將自己全然奉獻給他人。它最原始的形式，就是將身體交出去的性的奉獻，後來延伸成實際照顧他人身體的護理工作，或者專注於工作上的無私奉獻。相較於靈魂無條件犧牲的雙魚，處女提供的是身體勞務的有條件奉獻。在人生的旅程中，我們有時候或許需要靈魂的協助，但也有很多時候我們需要的是實質的身體幫助。對於肉體性壓抑的人來說，他們需要的是處女座性能量的肉體釋放與實際協助，對於情緒壓抑的人來說，他們需要的或許是雙魚座靈魂的擁抱。身體的協助跟靈魂的協助並沒有高低之分。

如同大家所知，處女座的特質之一就是潔癖。但淨化追求的並不只是身體的乾淨，更重要的是要追求磁場與能量的乾淨。一個能量很好的人，可以透過擁抱將正面能量傳達給對方，如果是透過性的連結，力量當然更強。當一個磁場很乾淨的灶神星維斯塔女祭司提供性服務時，對方往往可以獲得煥然一新的能量。它可以讓哀傷的、痛苦的、不幸的、混亂的人，藉由純粹的性能量得到療癒。主管處女座的灶神星最終的目的，其實追求的是靈性的淨化，可惜現在大家只注意到淨化的表層意義。

儘管灶神星最高階的意義，在於透過肉體的性連結，帶來靈性的療癒。但它未必能被社會接受，也不意謂著它在生活中展現的都是靈性的意義。性的可能性很多，它有可能是很神聖的性，也有可能是色情的性、過量的性，或者壓抑的性，甚至視性為禁忌而完全不敢碰性。這些全部都涵蓋在性的主題中。在灶神星與處女座的集體意識中，性到後來變成了一件很骯髒的事情。因此灶神星與處女座也跟性的羞恥、恐懼有關，例如「老處女」這個詞，就隱含了對於性的罪惡感。

一般的占星書中很難解釋得很清楚的是，不管是性的羞恥、不安、恐懼或禁忌，處女座本質上就是一種跟性有關的性感能量。本命星圖中處女很強的人，例如太陽處女、月亮處女、上昇處女，即使是性壓抑、性恐懼，或者對於性的扭捏不安，他們都會讓人強烈意識到性的存在。

在十二星座中，很多星座本身並不帶有性的訊息，例如人馬、寶瓶。牡羊雖然性欲很強，可是牡羊座本身卻並不性感——性感是一種讓他人產生共鳴的感受，光是自己很喜歡性，不能稱之為性感；金牛雖然具有感官之美，但是美感與性感是兩回事；雙子跟巨蟹雖然對他人傳遞很多訊息，但雙子傳遞的是心智訊息，巨蟹傳遞的是情感訊息，它們傳遞的都不是性的訊息，很多人會因為接受到情感訊息而跟巨蟹在一起，但他們是想要把巨蟹娶回家當太太、當媽媽，對於巨蟹來說，性可能只在於傳宗接代的功能；獅子座雖然追求華麗的浪漫，但是這跟性感也是兩回事。

掌管處女座的灶神星透過性跟他人產生的靈性交流，是人類獨有的特殊能量。星圖中存在著各式各樣的功課，它們是靈魂在輪迴中有時要經歷，有時不需經歷的課題。在生生世世的輪迴中，有的人在面對某些課題時可以輕鬆過關，也有的人會陷在問題中，以致於必須不斷重修。不見得每個人這輩子都會遇到跟性有關的灶神星或處女座議題，本命星圖中處女座很強的人，往往意謂著當事人在過去世中累積了一些跟性有關的未了功課。最理想的處女座能夠保有純淨且充足的性能量，當他們使用性能量跟他人連結時，能夠讓對方就像被充了電一樣得到療癒。

人的體內也有一把火，灶神星的生命火種，就是性能量之火。灶神星是火神，就跟我們熟知的中醫針灸原理一樣，灶神星就是身體與身體之間生命之火的溝通。當一個人灶神星能量充沛、純淨時，藉由灶神星的性能量交流，有可能幫助其他慨慨一息的人，讓對方就像充了電一般，將生命之火重新點燃。

灶神星維斯塔讓我們得以領會到，性可以是一種治療、責任與社會服務。

從灶神星重新理解處女座

很多人覺得處女座很難理解，這也很理所當然，因為占星學以往用水星來共同掌管雙子跟處女的做法，並不能完全說明處女座的所有特質。藉由灶神星的神話與古代灶神星女祭司的工作，才能讓我們更能夠透徹的深入理解處女座。處女座跟宗教儀式有關。很多修女的星圖中都有很強的處女，例如諾貝爾和平獎得主德蕾莎修女（Mother Teresa）的太陽、水星、火星都在處女座。處女座在宗教方面的特質，我們可以對比摩羯座看出其中差異。摩羯座會將宗教定位為龐大的社會組織，因此摩羯座的宗教是具有地位、權威的教派，摩羯座的宗教行為祭典式的眾修的社會活動。相較之下，處女座的宗教行為，不管是點蠟燭、念經、靈修、靜坐、冥想、禱告，這些都是屬於個人獨修的儀式，它們跟摩羯座的宗教組織活動不同。

一個人獨自敲木魚、打坐、獻花，這些都是宗教領域中的個人儀式。很多人會去廟裡上香、去教堂裡點蠟燭，具象的將自己的心火變成了香火或燭火，這更是非常標準的灶神星儀式。儀式屬於個人，慶典屬於社會。慶典需要的不是個人的靈魂參與，它需要的是社會的集體意識共同產生的連結。而儀式著重於個人靈魂的參與，少了靈魂的參與，儀式就沒有力量。

處女座的專注力，讓他們很能從事學術研究或教學，以及精細的工藝工作，很多從事精細插畫的插畫家或製圖者都是處女座。處女座也跟服務有關，不少處女座會從事護士、消防隊之類的社會服務工作。將處女座跟雙魚對比可以發現，處女座的所有服務，一定必須要透過具體的行動來完成，例如去醫院幫助他人、從事有機農業等等，他們不相信光靠善念就可以達到轉化提昇。

灶神星跟很多事物有關，包括忠心、承諾、集中、工作。處女座工作的意義，並不在於賺錢糊口，它其實是印度教所說的「達摩」（dhamma），指的是一個人的正當義務與責任。不過生命中的工作、任務與責任非常多，當他們每個工作都想做好、每個責任都想完成時，他們會很難保持平衡。當處女座不平衡的時候，他們就會有自我犧牲的問題。他們可能得犧牲自己的健康，他們可能要犧牲自己的愛情，他們可能得犧牲陪家人的時間，他們可能要犧牲自己的創作熱情，一切都是為了工作。這些都是本命星圖中處女座很強的人常有的狀況，原型則來自於灶神星自古以來的生命態度。當處女座因為過多的工作而無法平衡，他們的健康、家庭、愛情、休閒生活也一併完蛋。很多處女座到最後變成純粹為工作而工作。也由於處女座具有專注、集中、全心投入的特質，本命星圖中處女座很強的人如果發展得好，可以成為很優秀的工匠、技師，但如果發展得不好的話，就容易忽略別人，完全陷在自身狀態中，因而被人認為他們非常的自我中心、非常的自私冷酷。

當個體化進程從牡羊走到獅子時，代表自我整合完成。接下來從處女開始，就開始進入了與他人整合的第一階段。不管是透過肉體的性行為，或者是將性能量轉化成其他服務，如果當事人在這個階段是透過神聖的自願奉獻，就能促進生命旅程的淨化與昇華。但如果當事人沒有這麼神聖的靈性意識，他們還是會有為他人付出的強烈渴望，可是這種企圖就會顯得非常功利。灶神星的能量也會顯現在它主管的處女座上，因此我們常可看到願意神聖無私的處女座，也常看到很自私自利的處女座。儘管每個星座都有自私自利的人，但是自私自利的處女座往往最討人厭。原因在於處女座的自私自利中永遠會打著服務他人、服務社會的幌子。

從牡羊到獅子的程度都還停留在個人領域，他們的自私自利都可以是真小人，例如獅子座或許經常會過度自我膨脹，但他們不會用公眾目的來合理化自己的虛榮，沒有任何獅子會說自己的虛榮可以讓公眾受益。但處女座最倒楣的地方，在於他們的生命設計讓他們當不成真小人，因為他們天生就被設計成要為他人服務，當他們為他人做事時，如果無法擺脫自我意識的話，就會產生衝突。

處女座的設計本身就是要為人服務，所以處女座是出了名的肯為老闆犧牲。灶神星的犧牲跟土星的犧牲，兩者最大的差別，在於灶神星是自願的，土星是被迫的。本命星圖中灶神星或處女座很強的人，他們並不是因為上輩子欠下什麼宿命業債，所以這輩子必須要透過為他人犧牲來償還，他們自己都會自知這些奉獻是出於自願。而土星與摩羯座即使能夠如願掌權，但他們還是會感覺到自己是被命運推著走。很多摩羯座很強的人之所以努力追求社會成就，往往動力來自早年吃足了苦頭，例如貧困、壓力或家庭問題，處女座不是。或許處女座透過利他完成之後也可以利己，但處女座之所以惹人厭，原因也在於很多事情他們並不是非做不可，他們完全出自於自主。他們的動力來自於希望能夠完成高階的自我完成與自我滿足。只不過他們的自我完成都會跟他人有關。一個獅子座可以自己一個人唱歌跳舞，就能自我滿足，但處女座可能得要藉由為一群人服務，讓大家一起唱歌跳舞，才能得到自我滿足。所以很多處女座很強的人適合擔任副手，他們喜歡當幹部，他們的獨立性在於跟他人合作的獨立性，而不是自己站在鎂光燈焦點下、以自己為主的獨立性。

本命星圖處女座很強的人一定要了解，處女座雖然是自我與他人連結的第一個階段，但它追求的是連結之後的內在和諧。

十二個星座可以分為三大類別：個人型能量、人際型能量，以及社會、宇宙型能量。這三類能量中，沒有哪一種能量比較好或比較壞，也不代表哪一類星座的人是好人、哪一類星座的人是壞人，它們純粹是三種不同的能量位階。一個很好的巨蟹當然會比一個很糟的摩羯好，但是一個再爛的摩羯都一定比最好的巨蟹複雜。

當星座能量由牡羊（火星：行動）、金牛（金星：喜好）、雙子（水星：思考）、巨蟹（月亮：情緒），到獅子（太陽：自我意識）時首度完成了自我的整合。雖然從牡羊到獅子也都有內在自我，但是在處女之前的階段，內在自我都不是一個需要深入思考的議題，都還沒有接觸到內在自我（inner self）的功課。

個體化發展一直要到了處女座階段時，才終於進入以發展內在自我為重點的領域。一個內在自我發展得很好的人，就可以用最平衡的狀態與他人產生連結，當一個人可以在內在自我與外在自我之間轉換自如，他們在進入天秤、天蠍階段，與他人結合時才不會出問題，更別提到了人馬、摩羯、寶瓶、雙魚時，他們在扮演社會角色時會出很大的紕漏。

處女座功課如果修得好，當事人會既可以跟他人連結，又可以獨立自主。如果功課沒有做好的話，當他們進入了天秤與天蠍的合夥關係、婚姻關係時，就會是大災難。嚴格來說，一個無法兼顧與他人連結時又能從容回到自身的人，其實沒有資格進入之後的天秤、天蠍關係。當然大多數的人既不了解、也不關心，結果造成了生命中許多災難與痛苦。

灶神星代表個人的紀律、生活中的例行公事、健康，它也跟退隱、冥想、反省有關，這些也都是處女座關心的領域。

古代的灶神星維斯塔女祭司會提供性能量的療癒服務，而每次提供完性服務之後，女祭司就需要閉關隱居，所以很多處女座很強的人也常有階段性的隱居傾向。灶神星能量的高階發展，是將性能量用來療癒他人之後再回到自身，而不是停留在他人身上。

灶神星掌管的處女座的正面意義，在於當我們開始進入跟他人連結的工作時，仍然可以保有自我。當生命進程到了處女座階段，要學習的就是如何既可以與他人連結，又可以保持自主。關鍵就在於每一次跟他人連結之後，必須回到自我，不能一直陷在連結狀態中。透過獨處靜修的冥想、靜坐，反省自己到底是一個什麼樣的人。藉由每一次與他人連結之後的獨處，重新回到從牡羊到獅子的自我，從而更深刻的了解自己之後，再一次進入處女與他人連結，展開下一輪的新旅程。

透過每一次性能量跟他人連結而產生自我認同，進而在生命中發展出跟自己內在的神聖關係，可以在人我之間自在遊走。這麼一來，才能順利的進入接下來更複雜的他人關係，然後走入跟社會、宇宙有關的領域。

Chapter/4

灶神星帶來的親密關係

灶神星是一種人際關係中的性能量，它跟金星的喜歡、火星的性欲最大的不同，在於灶神星的性能量會跟他人產生連結，而金星、火星未必。灶神星透過性能量的強大力量與他人產生連結，讓我們得以從中學習到靈魂的重要功課。因此在很多夫妻關係中，我們常常會發現雙方有灶神星的相位關係，很多夫妻其中一方的灶神星會跟另一半的太陽、月亮、金星或火星合相。為什麼灶神星會跟婚姻伴侶有關，而一個人跟婚姻伴侶中出現灶神星相位的話，又代表了什麼特殊意義？

不管是婚姻或者情人，這類親密關係都是生命中重要的人際關係，老天就是要透過這種重要的人際關係來讓我們去體會什麼是我們跟他人之間的性能量。在一生中各式各樣的親密關係中，如果彼此具有灶神星的相位，雙方往往會是生命中透過性能量連結的重要對象。當一對夫妻彼此具有灶神星相位的話，代表這段婚姻當中的性能量是連結這段關係的重要因素。

但灶神星的性能量連結並不等於上床。當親密關係中出現了灶神星相位，代表兩個人之間會有性能量的交流，也有跟性相關的課題要學習，但未必跟性交有關。上床固然帶來性的課題，不上床同樣也可以帶來性的課題。例如一對夫妻如果今天先生想上床，但太太不想，上床是灶神星，不上床也是灶神星。

相較之下，對於火星來說，不上床或許會帶來火星欲望的受挫，但是它不會帶來兩人關係中性能量的課題。也因此，所有跟灶神星有關的問題都不會是簡單的課題——火星的課題可以很簡單，但灶神星牽涉到的是人際關係中的性能量，不管是性能量的壓抑、昇華或扭曲，它往往會跟我們的生命主題有關。

灶神星是開啟一個人潛藏於海底輪性能量的火種，灶神星讓我們學習跟自己的性能量共處，進而藉由自己與他人性能量的互動，展開各式各樣的人際關係，再延伸到工作與其他生活領域。性能量的燃燒，讓我們完成各種我們人生中想要完成的事情。

灶神星的性不只是我們身體裡面單純的性反應，藉由灶神星，我們的性能量會跟他人產生連結，而這種連結會使我們自己的性能量改變，也會使他人的性能量改變。兩個人不是一定得要上床才代表性能量的交流。性這件事可以有很多不同的層次，我們每個人不是只有身體，我們還有心與靈，當我們對一個人產生欲望，欲望本身是一個氣場，這個氣場會影響到對方，尤其雙方如果有行星之間的關聯。所以大家常說看到喜歡的對象會有一種「來電」的感覺，當你看到一個很喜歡的對象時彷彿會有電流火花，連空氣都不一樣了。

灶神星要處理的是比金星、火星更深層的性愛問題。雖然表面上我們會因為金星、火星而跟別人談戀愛或上床，但是金星、火星都只是為了滿足自我，本質上跟小嬰兒吸吮手指頭而得到快感沒什麼不同。

每個人的金星跟火星都是一種個人能量，它們分別代表的是個人的愛、個人的性。金星與火星不管跟別人產生什麼樣的關聯，都是我們自己對於自己喜歡的事物，或者能夠引起我們性衝動事物的反應。不管是金星或火星，都屬於我們自己透過對方的情感或身體而獲得的自我滿足。當一個人跟別人產生金星的關係，喚醒的其實是當事人愛自己的意識，金星的關係讓我們透過愛別人來愛自己。火星也是一樣，我們透過跟別人性交而滿足了自己的性欲。火星的性是一種我們自己身體裡面屬於動物本能，滿足自己欲望的能量。火星帶來的性行為，表面上看來像是一種我們跟別人的關係，可是其實它的本質來自於自己的性欲滿足。它的滿足來自於我們自己身體裡面的火星得到滿足，如果我們自己的火星沒有得到滿足，我們就會感到沮喪。透過火星的性連結，我們也可能讓對方得到滿足，但對方是否得到滿足，跟我們自己火星是否得到滿足無關。

如果一個人的肉體性需求很大，火星的性有可能從很多不同的性伴侶中獲得。我們的火星確實有可能讓我們跟成千上百的身體產生肉體關聯。但是我們不可能跟成千上百的人發生灶神星的重要親密關係。

火星可以是任何跟我們發生性關係的對象，如果一個人曾經跟很多人發生過一夜情，搞不好他連誰跟他上過床都未必記得。對於火星的性欲來說，對象只是滿足性欲的工具，甚至我們可以說，火星的性欲其實透過情趣玩具就可以解決，未必一定得要是一個人。灶神星則必定會是我們跟他人之間因為性能量而產生的連結，但這不意謂著灶神星帶來的性行為一定會比火星多，性的連結並不等於性行為，如果雙方的人際關係是奠基於性能量的互動，我們可以終其一生跟對方沒上床，但是彼此之間性能量的連結很深。不管是性的挫折或者性的滿足，我們可能會透過這個人學習到許多自己與他人有關的性的體會與理解。

灶神星就是要透過生命當中的一段或者好幾段跟性能量有關的人際關係，來讓我們了解，性能量超越肉體的欲望本能而跟他人發生關係的各種可能性。他人即世界，灶神星透過跟自己之外的他人產生的性連結，讓我們了解性對生命的意義，以及性能量在生命中扮演的角色。透過灶神星，可以讓我們了解我們在生生世世中，到了此時此刻，我們在性這件事情上需要了解的功課是什麼。這也是灶神星往往跟婚姻或重要親密伴侶有關的原因。重要的親密關係並不取決於你跟這個人上床的次數，而在於你跟他之間關係的本質。這也就是在婚姻關係中，灶神星的影響力遠比火星大的原因。婚姻關係中當然會有性的連結，透過婚姻中的性連結，我們自己的性能量也會在連結的過程中產生轉換。例如有的人可能會因為婚姻關係中的沮喪而寄情於工作或其他事物，透過了很多其他不同方式來表達性的主題，而不再只是單純的性。

火星跟灶神星的不同，在於當火星跟他人產生關係時，帶來的是一種非常本能的連結，我們很可能會因為一個人長得好看、長得不好看但床上合得來，或者引動我們火星欲望的任何對象而產生欲望。對於擅於了解自己欲望的人來說，他會了解這不過是本能的欲望，因而不會這麼容易讓自己陷進去。但對於不了解火星欲望的人來說，他們就可能將它當成愛。也有的人完全無法克制火星的衝動，只要火星一被觸動，就將火星的性欲當成生命的衝動，誤認為忠於生命的衝動就是完全不加壓抑，如果不理解火星其實很容易就會被觸動，結果就容易讓自己變得像花癡。

或許年輕、缺乏經驗的時候，當我們火星被他人觸動，我們可能會對這個人日思夜想，覺得這個人對你太重要了，覺得這個人就是我們的真命天子。可是當你有經驗之後，你會發現，原本日思夜想的那個人，到後來根本想都不想，因為有太多人可以取代他了。火星的欲望非常自我，因此很難壓抑。它是每個人自己的本能欲望，你可能會為火星的欲望找很多理由，讓自己相信它是愛。但它不是，它只是欲望。火星的特質，在於還沒上床之前都很火熱，上了床之後，火星就熄火了。對於火星來說，最重要的是自己的欲望需要被滿足，一旦自己的欲望被滿足，對方就變得不重要了。

灶神星不同。灶神星要的是跟對方產生一種性能量的深刻連結，雙方因此容易形成重要關係。這種性的深刻連結不等同於性欲的滿足——甚至它可能正是透過無法滿足的欲望來達成性的深刻連結。灶神星往往會使雙方透過各種不同的性能量議題，這些問題會讓我們去思考，性在我們生命當中扮演的什麼角色，讓我們更深入的去思考，性在我們生命中的意義是什麼。

灶神星產生的欲望不見得會比火星強，可是你會特別意識到欲望這件事，不是只有為了自己的欲望而存在。相較於火星，灶神星遠比火星能透露出靈魂選擇的一顆行星。因為灶神星代表的是你要跟對方一起面對生命中跟性能量有關的各種重要議題，包括性的壓抑、昇華，或是性的表達，不管是你的灶神星跟對方產生關聯，或是對方的灶神星跟你產生關聯，都代表這個人會跟你形成重要的關係。對方或許不會是讓你最想跟他上床的那個人，但你們之間就是會有一些必須一起完成的性能量重要功課。

但如果只看重灶神星的觸動也會有問題，因為可能就會過於壓抑火星的欲望，這樣的人就會不了解在跟他人有關的性能量昇華的同時，也可以同時享有自我的滿足。很多人可能一輩子都因此沒有真正進入自己火星的世界，他可能從來都沒有從自己欲望的本能出發，這種人跟完全只滿足欲望本能的人一樣，生命都有缺陷，因為兩者的火星欲望都是失控的。

灶神星講的是性驅力而不是性交。生活中很多行為背後都有著性驅力，比如努力賺錢、努力讓自己成功，性驅力是由海底輪出發的性能量，它可能會一路轉化到頂輪。但即使它走到了頂輪，也不意謂著性能量就得要永遠待在頂輪，從此變成一個完全沒有性能量的人。性能量枯竭跟性能量昇華是兩回事。很多人因為修行並沒有性行為，但不表示性能量就必須受到壓抑而消失。真正的性能量昇華，代表的是性能量可以在生命中自由流動，既不需要去限制自己的性能量，也不會被性能量所控制。

PART

2

灶神星星座——性能量的不同特質

灶神星就是性的火種。如果沒有性，人類無法生殖繁衍。性能量帶來的活力與創造力，更是推動文明發展的動力。文明的火種得以點燃，靠的就是性能量的生命火種。我們每個人一切的活動，都源於性能量的生命之火；人與人之間最深刻的連結，也是性的連結。性能量並不等於性交，展現性能量的可能性很多。

從本命星圖中灶神星位於什麼星座，可以看出當事人會用什麼形式燃燒自己的性能量。十二個星座各自代表不同的特質，從牡羊座的萌芽新生，到雙魚座的回歸混沌，它可以是很直接的性交肉體接觸，也可以是情緒的挑動，它可以表現在社會價值的追尋，甚至可超越肉體、社會，用非常抽象的形式展現。

灶神星的性能量就像在海底輪點燃的拙火，由最底層的海底輪盤旋上升，當它往上走到不同的階段時，就會轉化成不同的形式。灶神星位在的星座，就是性能量演化的不同階段，越前面的星座越直接，越後面的星座越複雜。雖然有著不同轉化，但並沒有高下之分。

Chapter/1

灶神星牡羊：性自主權的信仰者

牡羊座是十二個黃道星座中的第一個星座，當一個人本命星圖中灶神星落在牡羊座，代表當事人會用最直接、最單純的方式來展現灶神星的性能量。對灶神星牡羊的人來說，性能量功課的學習重點就在性本身，除非灶神星跟天王星、海王星有重要相位，否則他們不會將性昇華或演化到其他層面。

灶神星牡羊的人對於結婚的興趣不大，他們要不是不結婚，就是很晚婚。我認識好幾個灶神星牡羊都是台北出名的花花公子，其中兩個還是因為女友懷孕而被套牢，快五十歲才終於走進結婚禮堂。婚姻制度的設計，是人類基於社會功能訂定出來的人為規範，一夫一妻的婚姻制度，不見得符合每個人靈魂功課的需求。在性能量的演化上，灶神星牡羊的人就像是毫無經驗的新手，這輩子最重要的功課，就是實際藉由跟許多不同對象上床，他們的靈魂才能了解用性能量跟他人連結的意義。因此灶神星牡羊的人在性上面比較自我本位，他們很重視自己的性自主權。對他們來說，性是不可以被任何人或被一夫一妻觀念壟斷的事情。灶神星牡羊的人即使結了婚，如果遇到合適的對象與合適的機會，他們還是有可能會跟別人發生性關係。儘管不見得一定會外遇，但是他們內心當中仍然認為跟別人透過性來連結，是他們的天賦人權。

灶神星牡羊在性上面的直接，雖然表面上看來跟火星牡羊很類似，但其實差別很大。火星牡羊的人性欲很強，性需求很大，但是火星的性欲純屬自我滿足，火星牡羊的性活動，本質上跟打獵沒什麼不同。灶神星牡羊的性不像火星牡羊純屬性欲，灶神星牡羊的人需要透過跟他人性能量的連結，從中了解人與人之間性能量的多樣性。對灶神星牡羊來說，跟別人上床這件事會觸及靈魂，所以灶神星牡羊在性交結束之後不會一拍兩散，他們一定會因此發展出有意義的關係。

火星牡羊強烈的性需求，可能會讓他們在婚後沒辦法忠貞奉行一夫一妻的規範，但是他們並不像灶神星牡羊的人這麼相信性的自主權。對於火星牡羊的人來說，在結婚之前，性屬於他們個人的權利，結婚以後則不然。火星牡羊可能會因為強烈性需求而偷吃，可是他們出軌的時候都會感到內疚。但灶神星牡羊不同，灶神星牡羊不認為個人的性欲必須因為結婚而受到約束，他們不認為性應該被婚姻或任何他人擁有。灶神星牡羊不像火星牡羊這麼飢渴，他們未必會像火星牡羊一樣大量跟人上床。或許他們在婚後依然有其他性伴侶，也可能沒有，但他們都會想要一再確認自己可以在任何狀態下，保有擁有性伴侶的自主權。雖然也許會讓別人感情受傷，也許他們自己的情感、婚姻之路會因此走得很崎嶇，但這些所有的過程，都讓他們學到深刻的靈魂功課。

灶神星牡羊的人連性都完全不願意被管，他們在工作或生活中其他的層面，當然就更不受別人約束，因此灶神星牡羊的人往往能夠獨立完成許多工作。灶神星牡羊不受他人或社會價值的獨立特質，往往能讓他們顯現出強烈的個人風格，不管是當作家、創意總監、電影導演，越是獨立、越不被別人約束的工作，他們表現得越好。

如果灶神星牡羊的相位不錯，他們往往能夠因為獨特的自我形象而獲得很不錯的社會成就。由於他們有勇氣去挑戰許多別人不敢做的事情，因而可能會在各個不同的領域中成為先驅者。

例如導演蔡明亮的灶神星就在牡羊。所有蔡明亮的電影都在挑戰各式各樣性的禁忌，從這裡我們再次可以看到灶神星牡羊跟火星牡羊的不同。灶神星牡羊的性自主權不受約束，但他們並不見得需要跟很多人上床，他們關心的是人際關係中的性。蔡明亮的電影挑戰了各種的性議題，但這些電影裡面追求的都不是性的滿足。他們追求的是人與人之間透過性能量而產生的關聯，抱著看小電影心態的人不可能從他的電影中得到樂趣。

小電影總是會誇大性交本身帶來的樂趣，火星牡羊的性就有點類似小電影。蔡明亮的電影雖然很多床戲，但是他們都是透過上床這件事，學習各種人與人之間的議題。這個連結不是欲望的滿足，甚至不見得能夠帶來快樂，即使之後彼此無法佔有對方，但他們在某一個時間點，透過性這件事，將他們的生命連結了起來。

Chapter/2

灶神星金牛：性愛感官的美食家

灶神星金牛的人會是不錯的性伴侶，他們在性上面不但很有胃口，又具有美食家的品味。而且他們不只重視自己的享受需求，也在乎對方可以得到感官滿足。灶神星金牛在性上面需求很強，要求也很高，他們很願意花時間讓彼此得到滿足。他們要的不僅僅是性高潮，他們追求的是強烈且細膩的高潮。

相較於同屬性愛美食家的火星金牛，在性愛過程中，灶神星金牛跟火星金牛都很注重自己的感官享受，但如果發現對方沒有得到滿足，灶神星金牛會感到挫折，火星金牛則未必。儘管灶神星金牛未必分得出來對方是否假裝高潮，但他們不會不在乎。

灶神星金牛很重視做愛，而且非常敏銳，只要對方在性愛過程中顯現出一點點的疲倦或者分心，對他們來說都會是很大的挫折。在性的連結上，灶神星金牛的人佔有欲很強，但他們的佔有欲不在於要求對方忠貞，而在於性愛過程中的全神投入。他們絕不可能接受對方一邊做愛一邊看電視、看手機。如果對方不能全神投入，他們就不會跟對方建立重要的性伴侶關係。

我認識一個名人，他是娛樂圈的花花公子，多年來一直很吃得開。他的灶神星在金牛，火星在牡羊，他在性關係上也一直同時呈現出兩者的特質。在他身邊不乏許多漂亮的女明星，她們的美麗就像原野上的豹子一樣勾起火星牡羊的狩獵本能，但火星牡羊的性欲來得快，去得也快，當火星的性欲消退，他的灶神星金牛讓他總是上過一次床之後就沒有下文——儘管這些漂亮女孩本來也並沒有打算認真交往，但她們還是經常因此深感挫折。

灶神星金牛的性能量追求的是身體本能美好的釋放，雖然還是不脫肉體性交層次，但是跟灶神星牡羊有明顯差異。對於灶神星牡羊的人來說，性不能被任何人或制度約束很重要，他們在性方面根本不認為人應該要忠心。灶神星金牛的人則相信人應該忠心，他們相信幸福可以被管理，儘管未必做得到。當灶神星金牛遇到美好的性對象時，他們會願意跟對方固定下來，將大部分的時間精力用在這段關係中。

基於性的美食家心態，能夠有一家固定提供性美食的餐館對灶神星金牛很重要。灶神星金牛的人容易耽溺於習慣的口味，他們的口味很固定，當他們吃到一碗好吃的麵的時候，他們可以持續吃上很多年。他們不像灶神星牡羊的人喜歡到處試小菜，灶神星金牛只要吃到一道喜歡的大菜，就不會隨便換餐廳。

但即使灶神星金牛的人口味很固定，當他們偶爾遇到其他可能也不錯的對象時，他們也會難掩金牛座美食家的本質。就像在路上忽然看到新開了一間似乎很不錯的牛排館，內心會忍不住想著，不知道他們的牛排會不會比家裡那塊更鮮嫩多汁？這對於灶神星金牛的人非常有吸引力，但當他們忍不住去新餐館吃吃看的時候，心中又會為自己的不忠感到愧疚。

灶神星的性能量也常展現在工作與賺錢領域。尤其金牛座重視實際的成果，其中包含工作本身要能看得到實際成果，也包含他們可以從工作中得到多少酬勞。灶神星金牛的人不會是冒險家或理想主義者，就算從事的是社會運動之類的工作，他們也會透過工作賺到不少酬勞。

灶神星金牛既然在性上這麼要求感官享受，他們在日常生活中當然也很注重感官享受。性能量的表現絕對不僅限於做愛，包括食物、衣服等等生活中跟品味、品嘗有關的事物，它們都跟性能量有關。我認識的灶神星牡羊的人，他們對飲食都很講究。而且不分男女，他們平常穿的衣服一定材料都很好，即使乍看之下不見得引人注目，但絕對都是料子很好的名牌。

灶神星金牛特別具有感官之美的天分，而且容易展現感官特質，因此很多灶神星金牛的人會散發著一種性感的氣息，例如英國前王妃黛安娜就是灶神星金牛。灶神星金牛的人感官特別敏銳，他們的灶神星性能量追求的不只是完美的性愛高潮，還包括日常生活中色聲香味觸的一切享受，因此他們很容易耽溺於性欲與物欲，也容易有很強的佔有欲。以黛安娜王妃為例，雖然黛安娜自己也有外遇，但是她對於查理王子沒跟她上床而跑去跟別人上床這件事非常在乎。

灶神星金牛不是一個容易衝動、容易離婚的位置，一旦吃到一家好吃的餐廳，他們就不會隨便換餐館。對於灶神星金牛的人來說，當他們從性行為中獲得了滿足，就像做了一套很好的健身操。但如果另一半無法滿足他們的話，這對他們來說是很嚴重的挫折。他會因此很不快樂、壓力很大，甚至會影響到身體健康。

一般而言，灶神星金牛的人打從一開始就不太會選擇無法引起自己激情的人當性伴侶。原因在於對灶神星金牛的人來說，即使對方是一塊上好的神戶牛排，但只要不合口味的話，他們就絕對不會再度光顧。也就不可能發展成為一段長久的性伴侶關係。如果我們知道一個灶神星金牛的人跟他們性伴侶維持了很多年的關係，就可以知道他們的性生活品質一定不差。

灶神星金牛的人性欲很強，而且一旦被挑起，就很難壓下去。不管他們在什麼地方，往往顧不了場合，只想當場立刻解決。比如我聽過有的人在別人家宴客時忽然被勾起興致，就在浴室偷偷做了起來。這一點也與灶神星牡羊不同，灶神星牡羊雖然需要很多性對象，但當他們看到了適合對象的時候，不見得立即就要跟對方上床。

灶神星金牛需要的性伴侶不多，而且不會主動去追求新的性伴侶，灶神星金牛的性伴侶可以很固定，他們可以跟一個人在一起三年五年，很可能都已經是被大家認定是老夫老妻，卻有可能在某個狀態下被撩起了激情，即使是在搭火車，也忍不住在火車上就偷偷做了起來——就這個角度來看，灶神星金牛實在稱得上是好情人。畢竟絕大部分的男女在初相識的三個月蜜月期，再怎麼天雷勾動地火都不足為奇，但如果已經是老夫老妻還熱情不減，還像剛認識時這麼容易被觸動，這就絕對不是基於新鮮感或好奇，而是真正的激情了。

Chapter/3

灶神星雙子：以性能量溝通的詩人

雙子座最重視心智溝通，對灶神星雙子的人來說，性永遠跟言語與文字表達有關。如果你有一個灶神星雙子的性伴侶的話，你會發現，他不可能跟你上床的時候嘴巴停下來不說話。以前我認識一個灶神星雙子的人，他談戀愛的時候，一天會至少打兩三次電話跟對方聊天，即使每天工作很忙，有許多開不完的會，但他都會把會議跟會議之間零碎的幾分鐘用來跟情人通電話。

雖然戀愛中人都會覺得自己的戀情很精彩，但對於不相干的局外人來說，大部分的戀愛根本無聊得很。對灶神星雙子來說，語言是性的一部分，其中包含了情緒的語言，也包含了心智的語言。除了聊天、講電話之外，他們也特別有能力將情感與性欲化為語言、文字，因而創作出動人的情詩或小說。

我認識一個灶神星雙子的小說家，她以描述愛欲為主題的小說而聞名。她的小說經常取材自她自己的戀情，由於我們認識很久，不但知道這些故事在現實生活中的真實狀況，甚至可能還認識她的戀愛對象。說實在話，她的愛情小說比起真正的戀愛過程要來得精彩很多。也因為她的戀愛通常都會成為小說題材，到後來大家幾乎分不出來她真的愛上了對方，還是為了寫小說而談戀愛。

灶神星雙子的能量往往能夠轉變成一種利於跟世人溝通的形式，可是他們的性能量有點疏離，在真實的親密關係中不太投入，而且都不會屬於深度的溝通。我有個灶神星雙子的老朋友，他可以說是同輩最傑出的詩人，多年來交往的對象，多半都是先被他的情詩吸引，進而成為男女朋友。他曾經為一個情人寫下幾百首情詩，那些情詩一開始當然讓她受寵若驚，在情詩的世界裡，她就像是他的女王，但是過了一兩年，當驚喜的感覺退去之後，她忽然發現，他們在現實生活中的關係，其實根本跟這些情詩不同。即使詩是一種精煉的語言，它可以寫得非常美，但這並不代表它是一種深入的溝通。

灶神星雙子不管是性或親密關係，他們都只要一般的交流，他們不追求深入。在現實生活中，詩人並不是一個熱情的人，他只是一個熱情於寫詩的人。於是她選擇分手另嫁他人，因為她想要的不是當別人創作時的繆思女神，她要的是真實的生活與真實的愛情。

除了語言與文字之外，情歌也是一種灶神星雙子的溝通方式。對於灶神星雙子的人來說，溝通屬於情愛的一部分，當他們在一段關係中不能感覺到有話想說、有歌想唱，或有詩想寫，他們對這段關係就無法全心投入。他們需要對方欣賞他們的話語；也需要藉由親密關係來刺激心智。但他們常會把語言上的溝通，等同於溝通本身。除非對方也非常喜歡被語言取代的親密關係，否則對很多人來說，灶神星雙子的性能量展現得不夠扎實。

我有個老朋友是知名的音樂人，台灣有許多重要的情歌都出自於他的手中，他也是灶神星雙子，結了兩次婚，也離了兩次婚。灶神星雙子的人往往在親密關係中很疏離，這正是灶神星雙子最容易出的問題——他們太相信文字跟語言的傳達，卻忽略了真正的情愛。當他們寫了一首美妙的情詩或情歌，他們會以為那就是愛。但是在詩裡面寫一千次擁抱，在情歌裡唱一萬次擁抱，它們跟真實的擁抱是不同的。

Chapter/4

灶神星巨蟹：性能量昇華的慈母

灶神星巨蟹的人必須要在對方強烈需要自己照顧的情況下，他們才能跟對方產生很深的連結。由於他們的情緒很敏感，也很容易退縮，家人式的親密關係會讓他們感到比較自在。

如果說灶神星金牛對身體超級敏感，灶神星巨蟹則對情緒超級敏感。兩者的差異，在於灶神星金牛追求的是肉體感官滿足，而灶神星巨蟹的性能量則已經脫離肉體感官層次，轉化成家人般的溫暖親情。當灶神星巨蟹對你有好感，他們會想要依偎在你身邊，用溫和的肢體接觸營造出親密感，藉由這種方式跟你產生連結。

肢體接觸也是一種性能量的連結。灶神星牡羊的人多半對肢體接觸不太在乎，很多灶神星牡羊的人才剛認識見兩三次面，他們就可以拉手拉腳、摟摟抱抱；灶神星金牛的人因為感官過於敏銳，他們平常反而會盡量避免跟別人有太多肢體接觸——對灶神星金牛的人來說，如果要跟人肢體接觸，當然是要留到真的上床的時候再摸比較好；灶神星巨蟹的人雖然也喜歡跟人有許多肢體接觸，但是與性欲無關。灶神星巨蟹的肢體接觸是一種母親般的觸摸，它是一種情緒的性能量，而非肉體的性能量。

灶神星巨蟹的人對於別人的情緒非常敏感，也喜歡擁抱的溫柔接觸。他們會將性能量轉化成情緒關懷及肢體接觸，因此他們的關懷或擁抱中帶有很強的能量。這種性能量，其實就是一種人與人之間的化學反應，當一個人跟你之間有化學反應，就算只是一句簡單問候，都會讓人有所感應。導演李安的灶神星就在巨蟹，他在工作的時候，常會跟周圍的人有許多情緒交流。我們一生中可能聽過上萬次「你好嗎？」但灶神星巨蟹的人在說這句話的時候，裡面含有一種情緒，你會感覺到他們並不是在講應酬話，他們能在跟他人的關係中傳達出一種很深刻的關心，因此很容易觸動別人的內心。

但由於他們會將性能量轉化為情緒的關懷，所以他們對於性的滿足不會來自性交。性能量跟性行為是兩回事，如果他們已經結了婚，雖然他們在日常生活中經常會展現情緒能量，可是非常不容易真的有外遇。一方面是因為巨蟹的親情特質，在性愛上會造成亂倫般的心理壓力，另一方面則在於只要灶神星巨蟹的人感到不安，他們就不會跟別人上床。

灶神星巨蟹的人很需要被愛、被珍惜、被需要，如果這種需求在親密關係無法獲得滿足的話，他們就會變得無能。灶神星巨蟹的人不會嘗試冒險去尋找陌生的性伴侶，即使他們對一個人有興趣，也不會只是為了想知道對方是不是一塊好肉而跟對方上床，他們一定要在對方對他們有興趣，而且很需要他們的情況下才會跟對方發展出親密關係。

因此除非他們真的遇到很喜歡他們，而且很需要他們的對象，否則他們很不容易出軌——事實上即使真的遇到這樣的人，他們也未必會出軌。因為只要他們覺得這段關係中有任何不安全的地方——只要是外遇，就一定會有不安全感，他們就會感到緊張，一旦感到緊張，他們就沒辦法得到滿足。他們無法忍受任何性行為中的粗糙，沒辦法在不熟悉、不夠舒適、缺乏安全感的環境中做愛，像是加入三萬呎高空俱樂部在飛機上做愛這種事，灶神星金牛的人可以，但灶神星巨蟹的人做不到。

灶神星巨蟹的情緒極度敏感，不能忍受任何感情上的背叛與瑕疵，以致於沒辦法外遇。他們對家庭與家人有非常強烈的責任感，他們往往會為了家人或家族，犧牲了個人的欲望。這種責任感與犧牲，當然也是一種性能量的轉移與昇華。

灶神星巨蟹的人會將性能量昇華成生活各個層面的母性，問題是上床其實是一種獸性的行為，當他們的性能量都已經昇華成照顧家人的情緒與行動的時候，他們往往不可能還對另一半保持「性」趣。不過，雖然灶神星巨蟹的人可能已經跟他們的另一半不做愛了，但是透過深層擁抱的性能量交流，搞不好比一般人的性交能傳達出更多的愛意。

Chapter/5

灶神星獅子：性能量閃耀的巨星

當灶神星從火象星座牡羊、土象星座金牛、風象星座雙子、水象星座巨蟹，四大元素走完一輪，到了第二個火象星座獅子座時，灶神星的性意識轉換也到了一個新階段。獅子座重視自我表達，不管是美學、表演、藝術、文學或是理論，灶神星獅子的人會特別容易把性能量轉化成各種類型的創作。

灶神星獅子的人對各種閃閃發光、引人注目的事物興致很高。他們會將性能量用來追求包括藝術、劇場等生活美學，也可能用於追求奢侈品與生活中的奢華享樂。以注重奢華享樂聞名，後來被送上斷頭台的法國皇后瑪麗安東尼（Marie Antoinette），她的灶神星就在獅子。近年來法國有不少人開始為路易十六及瑪麗安東尼平反，理由在於她在法國大革命前引進香水以及各種時尚產業，當年被視為不知民間疾苦，現在卻成了法國的重要經濟來源，如果不是這個被送上斷頭台的皇后，法國今天也賺不了這些錢了。

獅子座具有自傲與自尊的特質。灶神星獅子的人都會需要仰慕者的掌聲，需要仰慕者為他們煽風點火，他們很需要觀眾。獅子座的能量本質在於自我表達，當一個人將灶神星的性能量用於自我表達、吸引他人關注時，性能量就會不斷向外投射，他們的性能量就容易被身邊的人察覺，因而容易吸引眾人目光。簡單來說，他們通常會被大家認為是桃花比較重的人。

在人際往來互動中，我們往往是用整個磁場在看人，而不光是只用眼睛。一個人是否讓人覺得他很吸引人，跟長相好不好看沒有絕對的關係，旁人接收到多少從這個人散發出來的魅力，這才是關鍵所在。灶神星獅子性能量就像五光十色的聲光秀，因此很容易跟他人形成明星與觀眾的關係。

也因為灶神星獅子具有性能量帶來的明星風采，他們通常很容易吸引到一些仰慕者，但這種明星般的性能量過於強烈，在很親近的親密關係中，他們反而會限制自己的性能量。性對他們來說，同樣也是隆重上演的聲光秀，但聲光秀只適合舞台演出，沒辦法甘於平凡、隨時上演，因此他們不會是那種可以每天做愛的性伴侶。也因為他們的性能量無法在日常生活中天天演出，因此他們會把性的聲光秀轉變成其他形式的聲光秀，例如文學的聲光秀、歌聲的聲光秀，或是美食的聲光秀。例如歌手陳昇的灶神星就在獅子，如果論歌聲而言，他的音色實在算不上好聽，但是他每年都可以吸引大家來聽他的演唱會。

我的灶神星也在獅子，我在南村落做菜，當天都會一大早就起床去採買最好的食材，直到晚上十點多活動結束還精神奕奕，這其實都意謂著我將性能量發揮在做菜上，因此讓這些美食彷彿用費洛蒙調味般大受好評。連我先生都為此吃醋，因為我對煮飯給大家吃的興趣，比煮飯給他吃大很多，事實上這也是灶神星獅子的特徵，灶神星獅子即使做菜，要的也是美食的聲光秀，在南村落一次燉蹄膀就是十幾支，做馬賽濃湯就是幾十種魚，這些都是家常料理不能天天上演的表演。

火星跟灶神星的差別，在於火星的性是兩個身體的事，灶神星的性是兩個人的事。在年輕的時候，我們很難了解這些緣分有什麼不同，因而常常會誤以為火星的性欲衝動就是愛。二十五六歲前還沒有跟我先生在一起的時候，我的火星根本有如脫韁野馬。我先生的太陽跟我的灶神星合相，意謂著我的灶神星會因為跟他在一起而被啟動。當一個人發揮灶神星性能量時，很自然的就會減少火星性能量的使用，性意識也會有所轉換。當我不再讓性能量隨著火星像野馬一樣在草原上亂跑，就有開始有餘裕將性能量轉化成創作能量。最明顯的轉變，就是我開始由一個不創作的人，變成了一個創作人——這很符合佛洛伊德所說，很多的藝術創作及生命追求，其實都是源自於性能量不同層次的轉換。

Chapter/6

灶神星處女：性愛關係中的公務員

從灶神星牡羊到灶神星雙魚，在十二個星座中，最把性視為一種服務的就是灶神星處女。如果一個人灶神星落在處女，意謂著他們會把性當成一個工作、一份責任來看待。有個笑話說，夫妻結婚久了還上床，就像是左手牽右手一般的無趣，對於很多人來說，如果結婚多年激情不再，他們往往就會因為興趣缺缺而不再跟另一半做愛，但灶神星處女不會。他們是少數可以基於責任感而跟另一半上床的人。當然，如果對方沒有提出要求，他們也可以不上床，不過對方如果提出需求，他們就會滿足對方。這是灶神星處女可貴的優點。

很多灶神星處女的人不能忍受身邊的伴侶變得不完美，如果你跟一個灶神星處女的人在一起，你就不能變得太胖、太邋遢，這樣會讓他們興致索然，但比起其他星座，灶神星處女的人即使興致索然，他們還是可以跟另一半上床。雖然他們在婚姻的性關係中很容易變得冷感，但冷感並不會影響到責任感。

灶神星處女的人往往會將性能量大量投注在工作上，很多灶神星處女都是工作狂——如果一個人儘管激情不再卻能夠基於責任而跟另一半上床，這種人一定責任感非常強。不過灶神星處女的人對性都會有一點疏離。一個人之所以把性當成責任，可見性對他們來說並不是一場有趣的燈光秀。

在情感關係中，如果一個人的灶神星跟對方的太陽合相，代表灶神星的需求跟對方太陽的人生目標一致，因此灶神星跟對方太陽合相的夫妻很多，而其中又以灶神星處女跟太陽處女結婚的比例尤其高。原因在於處女座的本質就在於服務，當為自己服務、為他人服務與為婚姻服務、為伴侶服務結合在一起，就會帶來很強的連結。

灶神星處女意謂著當事人會有一部分的性能量必須用於服務配偶，性能量不等於上床，灶神星處女服務配偶的性能量經常會轉化成照顧對方的身體，成為另一半的護士。灶神星處女跟太陽處女雖然很容易產生連結，但灶神星處女如果跟太陽處女的人結婚，他們就特別容易遇到必須要為配偶或重要親密關係伴侶犧牲、服務的情況，尤其在中年之後，許多灶神星處女的伴侶身體都會出問題，以致於他們必須要照顧自己的另一半。不過不是所有灶神星跟太陽同星座的伴侶都會面臨這個問題，這是灶神星處女遇到太陽處女才有的特殊狀況，原因在於處女的能量特別跟服務有關，因此灶神星處女的伴侶如果是太陽處女，尤其度數很接近的合相，灶神星處女的這一方會特別必須將性能量轉化為提供實質的服務，常常必須像護士一樣的實際照顧對方的身體。

比如我認識一對夫妻，先生是太陽處女，太太是灶神星處女，由於先生中風臥病在床，因此太太就必須要像護士一樣提供各種實際的服務。其實很多護士的工作，諸如幫病人擦洗身體，這些都是充滿性能量的服務。對大部分的夫妻來說，或許新婚期間還會有興致跟另一半一起洗澡，但結婚久了還想跟另一半一起洗澡的老夫老妻恐怕非常少。他們反而不像灶神星處女的人有這麼多機會跟另一半的身體直接接觸。

Chapter/7

灶神星天秤：性友誼關係擁護者

灶神星落在天秤其實是一個滿麻煩的位置，因為當事人容易莫名其妙的跟別人產生性的連結。灶神星天秤往往是外表看起來不像，但實際上非常花心的人。

灶神星代表的是我們跟他人連結的性意識，而天秤最重視的就是跟別人連結。但灶神星天秤追求的既不是灶神星牡羊的征服欲望、灶神星金牛的感官滿足，也不是灶神星獅子的被人仰慕，灶神星天秤的問題在於，只要對方跟他們談得來，對方如果想跟他們上床，他們就很難拒絕。灶神星寶瓶的人可能會在意外的情況下跟朋友上床，但是上完床後還是能夠繼續當朋友，完全可以跟沒上過床一樣。灶神星天秤的人也常會在許多情境下跟朋友上床，問題是他們上完床後沒辦法恢復之前的朋友狀態，即使後來不再上床。

灶神星天秤的上床對象往往既非夫妻，又非情人，是一種介乎友誼跟性愛的曖昧狀態，他們通常會很自然的接受這種狀態，而且不會顯現出佔有欲。在各種性愛關係中，夫妻關係當然具有獨佔性，而火星的情人關係也同樣具有獨佔性，唯獨灶神星天秤屬於既有性愛又平等的友誼關係，結果反而灶神星天秤不容易跟別人產生一對一的親密關係——應該這麼說，天秤當然是一種一對一關係，但灶神星天秤的人由於經常跟一群人分別產生一對一關係，反而很難維持單一的一對一關係。

每個人的桃花強弱固然有別，但一個人一生中會跟我們的星圖產生親密關係緣分的人，平均從幾十個人到幾百個人都有可能。在這些人當中，真正會跟我們上床的人，往往不到其中的十分之一。決定我們會跟一兩個人上床，或是跟幾十個人上床，關鍵在於我們的本命星圖中，對上床這件事的門禁有多森嚴。灶神星牡羊的人門禁很鬆，灶神星金牛的人門禁就比較高，沒辦法達到他的需求的人都不能上他們的床；灶神星巨蟹的門禁又更高，除了自己之外，他們的家人也都是門禁；灶神星處女的人雖然即使毫無感覺，但還是會將上床視為應盡義務，但他們挑選伴侶時非常嚴謹，他們只會對另一半盡義務，並不會服務不相干的人。

一輩子跟很多人上床或跟很少人上床，不見得跟一個人的桃花多或少有關。一個灶神星巨蟹的人或許一生中同樣有幾百個人想跟他們上床，但他們反正一概不予考慮，完全不受影響，而灶神星天秤的人卻無法抵檔這種壓力。灶神星天秤的人最在乎的其實是親密關係中能不能被別人在乎，能不能被平等的對待。相較之下，灶神星牡羊雖然跟很多人上床，但灶神星牡羊上的床，都是他們主動招惹來的。灶神星天秤的麻煩，在於他們自己挑中的床要上，別人挑中他們的床也拒絕不了，結果跟很多人都上了床。也因為他們太容易跟別人上床，反而造成了親密關係上的問題。

灶神星天秤有可能會讓人覺得花心，但不會讓人覺得他們好色。天秤的本質是外交官，灶神星天秤在性上面具有一種與人為善的傾向。灶神星天秤的人缺乏灶神星金牛在性方面的美食家判斷力，即使毫無吸引力的人也可能上得了他們的床。我認識許多條件很出色的灶神星天秤，他們的性伴侶中往往很令人奇怪的會同時既有很出色的人，也有很不出色的人。也就是說，他們並不是沒有能力找到很出色的性伴侶，但他們也不會因此拒絕其他不出色的人。

我認識一個已婚的灶神星天秤跟我說，她有一次在路上遇到一個從來沒聯絡的老同學，兩個人在路上聊起天來，對方提議到他家看看，結果到了他家連茶都還沒喝，她就上了別人的床了。灶神星天秤之所以常常會上這種莫名其妙的床，往往出於一種想要當好好先生、好好小姐的心態，他們總是沒有辦法在性上面拒絕別人。即使他們想要拒絕，往往也表現得太客氣、太像外交官，導致對方根本不覺得他們在拒絕。

當一個人的灶神星落在天秤，意謂著他們的性能量追求的是夥伴關係，而且不只是婚姻伴侶，也是生活中各式各樣的夥伴關係。因此灶神星天秤很容易跟一起工作的人發生性關係，同時又喜歡把跟他們有性關係的人拉進工作中，跟他們產生工作上的關係。不管是上面哪一種情況，都意謂著他們不是喜歡一個人工作的人。他們不喜歡獨立作業，因此永遠需要各種夥伴關係，他們要的不是性的激情，他們要的是雙方經由性關係而產生的親密感。藉由性關係跟別人產生工作上的連結，不但有利於夥伴關係的穩固，也可以讓工作進展得更順利，對很多人來說，性是工作關係的火藥，但對灶神星天秤的人來說，性就像是工作關係中的潤滑油，上過床之後，很多事情都好講話了。

灶神星天秤的親密關係很溫和，即使剋相時會使結果不如預期，但它不會因為剋相而變得很激烈。灶神星天秤的優點在於和平，因此即使跟很多人發生性關係，往往也不會出大問題。比如我有個已婚的灶神星天秤的朋友，他跟很多工作往來的合作夥伴上過床，這種性伴侶合作關係，有的甚至維持了長達十年都沒出事。灶神星天秤的人不太會爭風吃醋，他們可以跟別人持續保持有如外交關係般的友善性關係。我認識一對灶神星天秤的朋友，其中一個人已婚，另一個人身邊也一直有固定的對象，他們之間的關係也並非一直持續，大概每隔幾年兩個人會有緣碰在一起工作或旅行。即使後來分手，有時候在某些場合中遇到時，兩人還是可以坐在一起聊天。不管兩個人在一起或分手，他們的關係都很和諧、友善。大家可能會覺得這樣的關係非常浪漫，但事實上，他們的關係只能稱得上友善，一點都不羅曼蒂克，對他們來說，性只不過是比擁抱更多一點點的友善關係罷了。雙方雖然發生性關係，但激烈程度可能連打場網球都不如。

其實親密關係就是這樣，友善與激情不可能並存。如果想要轟轟烈烈，往往沒辦法和平收場，如果想要持續友善，可能雙方的性關係就比握手激情不到哪裡。一個人不可能既想要激情的交往，又同時想要和平的結束。過程激情，結束就會激烈；和平交往，結束也會和平。

Chapter/8

灶神星天蠍：性關係中的諜報員

灶神星的性關係中最麻煩、最激烈的，就是灶神星天蠍。如果說灶神星天秤是外交官，灶神星天蠍或許可以算得上是特務。他們永遠想要知道別人的想法，但永遠不想讓別人知道自己的想法。

灶神星天蠍的人具有最激烈的性本能，但因為實在是太過於激烈，所以他們沒有辦法、也不願意像灶神星牡羊那樣用最簡單、最本能的方式來表達自己的性能量。牽手或擁抱都是一種性能量的連結，如果灶神星牡羊喜歡你，即使才剛認識，他們就可能會牽著你的手，甚至摟摟抱抱，擁抱對他們來說沒有障礙。但是灶神星天蠍沒有辦法透過簡單方式將性能量接觸傳遞出去，對他們來說，擁抱是一件大事。假如灶神星天蠍的人開始跟你有一些肢體接觸，即使不過是牽手、擁抱，但意義完全不同。因為他們很少對別人做這樣的動作，如果他們願意這麼做，代表你是他們的籠中鳥，雖然未必捕得到你，但你一定是讓他們展現欲望的對象。

灶神星天蠍對他人常會具有很強的第六感。原因在於每個人都有不同的磁場，人體磁場的動能都會互相影響，灶神星天蠍的人本身的性能量有如雷射光一樣有力，他們也特別容易偵測到別人的磁場，很適合朝神祕學領域發展。對於很敏感、很有經驗的人來說，像我就可以辨認得出一個人是否灶神星在天蠍。因為灶神星天蠍的人展現性能量的方式很特殊，灶神星天蠍就像雷射光，他們的性能量集中在一個定點，雖然看起來冷冷的，但是其中會有一個定點特別熾熱、明亮。他們具有強烈的性意識，但不會讓多餘的性意識像灶神星獅子那樣溢出來。灶神星獅子的人都很熱情，他們的性能量雖然像霓虹燈一樣燈光炫目，但遠比不上雷射光般的灶神星天蠍來得有力。灶神星獅子要的是性的聲光秀，而灶神星天蠍要的恐怕是跳火圈與空中飛人。越是危險、禁忌的性，他們越容易受到吸引。不管是偷情、三角戀愛，或有違社會道德，灶神星天蠍對這些會帶來兩敗俱傷、身敗名裂的性關係很狂熱。

有個灶神星天蠍告訴我，他有一次去國外出差，才不過幾個月的時間內，他忽然瘋狂的愛上了一個女人，他甚至想要拋棄台灣的家庭，儘管他跟妻子小孩並不會感情不好，而且在台灣有一份非常好的工作，但是他忽然什麼都不想要，只想要跟這個女人留在國外。他覺得自己簡直快被激情逼瘋了，於是打電話跟朋友聊了聊，朋友告訴他如果真的這麼做，那才真的是瘋了，還是趕快回台灣再說，於是他聽了朋友的勸告回到台灣。他告訴我這件事情的時候已經事隔十年，但我還是可以感覺到他的震動。儘管回到台灣以後事業、家庭依舊，但他的生命中就是有一塊彷彿被雷射燒灼過的烙印。灶神星天蠍都不會是花花公子，他們深刻的情感平常不會表達出來，因為一旦表達出來就是這麼嚴重。

他們從小就會意識到生活中的性能量，例如他們可能還是小男孩的年紀就發現自己受到鄰居媽媽或者附近店家老闆娘的吸引，對一個小男孩來說，他們會覺得這種念頭不潔、邪惡，而且不被社會允許，因此認為性是污穢、令人羞愧的事情。灶神星天蠍喜歡的性比較特殊，也因此容易遇到不尋常的性經驗。但也因為這些性經驗太不尋常，有時候反而會讓他們感到痛苦，因而更想要尋求性的轉化。不是所有人遇到不尋常的性經驗都會感到痛苦，灶神星天蠍由於性意識特別強，而且從小對性懷有恐懼，因此特別會感到痛苦。

不同於灶神星天秤的人把性當成打羽毛球，灶神星天蠍的人把性視為地雷，一旦引爆，不但別人完蛋，自己也完蛋。所以雖然他們很期待性的巔峰經驗，但不會隨便跟別人產生性關係。也因為灶神星天蠍的人從小就知道自己的性能量是地雷，所以他們從小就養成了拆除地雷的習慣。他們很了解性能量可以多麼強大與危險，所以很多灶神星天蠍的人都從很年輕的時候就會開始尋求藉由宗教或靈性方式來轉化性能量，因為他們知道性能量不是靠自己的力量就可以被控制。

灶神星天蠍常常容易被太陽天蠍的人給鎮住。也就是說，灶神星天蠍的人很容易跟太陽天蠍的人產生重要的親密關係。一方面是因為太陽天蠍可以鎮得住灶神星天蠍的能量，另一方面當灶神星天蠍選擇太陽天蠍為伴侶時，意謂著他們可以將天蠍的能量投射到伴侶身上而不需自己演出，這樣會讓他們感到放鬆。

灶神星天蠍面對性欲會有兩種態度：壓抑或轉換。他們雖然性能量很強，但是非常不願意把性能量變成性行為，因為他們知道自己容易被強烈的獸性本能吸引。為了逃離性能量的黑暗原欲，他們一定要找一個很大的目標來擁抱。他們的性能量通常會被轉化成宗教、工作與賺錢的動力，因此許多灶神星天蠍都是社會上因為積極工作賺大錢而聞名的人。對他們來說，寧可全心擁抱事業及金錢，也不願意為了一個男人或女人搞到身敗名裂。

Chapter/9

灶神星人馬：性能量的探險家

在第一輪火象（牡羊）、土象（金牛）、風象（雙子）、水象（巨蟹）時，灶神星的性能量的演化都還在性欲、心智、情緒等個人層次；在第二輪的獅子自我達表達之後處女、天秤、天蠍，灶神星的性能量不只是單純的個人層次，進入較為複雜的人際領域；到了第三輪火象、土象、風象、水象的人馬、摩羯、寶瓶、雙魚時，性能量的轉化則進入更為複雜的社會、宇宙範疇。

但大家要了解的是，並不是說灶神星的性能量，到了人馬、摩羯以後，就一定能帶來更高的演化，事情並沒有這麼簡單。它可能很有價值，但也可能反而是干擾。如果當事人的人格發展得比較完整，灶神星人馬到雙魚的人會因為投注於社會或更大領域，而使性能量從個人性欲、生殖的本能中轉化，為靈魂帶來更大的成長；但也可能會讓當事人過度忙於外界活動，自以為是性能量昇華，但其實只是一種阻礙或逃避，結果反而無法跟他人產生真正的連結。

灶神星人馬的人在性方面不太能夠受到別人的束縛，婚前性行為對他們來說幾乎不是一個值得大驚小怪的議題。很多灶神星人馬的人在很年輕的時候就會有性經驗，他們不像將性視為禁忌的灶神星天蠍，性對他們來說，只不過是個刺激的遊樂園，而他們天生很有冒險精神。

他們需要的自由包括婚前、婚後，以及別人覺得不可能的對象。我認識一個二十幾歲灶神星人馬的女孩，她喜歡上一個比她大了四十多歲的男人。這個女孩條件很好，以前也不乏追求者，現在這個男友帶給她的歡愉雖然不如以前交往過的對象，但是他們都不像這個人讓她這麼想跟對方在一起。

人馬座的能量跟社會價值、文化、宗教等社會領域有關，具有開放、樂觀、不受約束的特質。灶神星人馬的人一生一定會經歷不同階段性能量的演變。灶神星人馬的社會化在當事人年輕還不非常明顯時，對年輕的當事人來說，性就像是一座迪士尼樂園。我認識一個灶神星人馬男孩，他在十幾歲參加一個音樂夏令營時，邂逅一個比他大一兩歲的太陽人馬女孩，兩個人一時激情難耐，就在琴房裡的鋼琴上做了起來，宛如浪漫電影情節。

但灶神星的性能量的並不是單純的性欲，它是一種想要跟他人形成一種深刻關係的驅策力。灶神星跟火星不同之處，在於火星是一種肉體本能，當事人會很清楚自己被啟動了什麼欲望。但灶神星的特別之處，在於它不是單純的性衝動，所以它有可能會是在都還搞不清楚的情況下，兩個人不知道怎麼的已經在鋼琴上面做愛了。如果純粹以性欲來說，灶神星帶來的愉悅並不如火星，它不像火星的欲望這麼讓人滿足，因為灶神星要的不是性上面的自我滿足，它要的是透過跟他人性能量的連結來產生自我理解。因此它並不單純是性能量，它是生命的能量。

年輕時期的灶神星人馬往往搞不清楚兩者的差別，他們會用生命的能量跟很多人產生性關係，但事實上他們要的並不是滿足性欲，他們想要滿足的是多樣的生命經驗。隨著年紀增長，到了中年以後，他們會知道自己想要的是生命經驗，而不是性關係，這個時候他們對於性的選擇就會變得比較有智慧。

很多灶神星人馬的人在生命的中期，開始有了社會意識之後，就會將性能量從做愛轉移到跟宗教、哲學、教育之類的相關領域，去做一些他們覺得更值得去做的工作，結果因為有太多想做的事情而變成無性狀態。不見得每個人的性能量都會產生這樣的轉移，從早年追求性愛冒險到晚期的無性狀態是灶神星人馬的一大特徵，如果換作是灶神星牡羊，他們終其一生追求的就是多樣的性經驗，這件事情不會因為年紀而改變。

印度聖雄甘地的灶神星就在人馬，很多人無法理解早年性關係混亂的甘地，為何在從事反抗運動之後禁欲。這是因為相較於灶神星牡羊到灶神星天蠍，灶神星人馬的人更容易將性能量轉化為大我領域社會價值的追求，包括宗教、異國文化、教育、學術或理念倡導。

我認識一個灶神星人馬的人，他在中年之後改行當了傳教士，因為比起不斷跟別人上床，藉由傳教的熱情跟他人產生連結，會為他帶來更大的滿足。由於性能量是非常強大的驅策力，因此灶神星人馬是一個特別利於修行的位置。尤其灶神星人馬往往早年經歷過不受拘束的性探險，相較於許多從小因為宗教等外在因素而禁欲的人來說，從小禁欲人很可能純粹屬於欲望的壓制，他們反而不像灶神星人馬是基於性的昇華而禁欲。

不過灶神星人馬雖然有益於靈性追求，但不見得對現實生活有利，他們很有可能會因為忠於追尋生命能量而造成周圍的人困擾，他們往往在追求大我的生命價值的同時，卻忽略了小我私人關係的維繫。如果他們的另一半無法配合，灶神星人馬性能量的轉移，就很可能會導致親密關係中的問題。

Chapter/10

灶神星摩羯：性能量轉化的實業家

灶神星摩羯的人往往小時候在性方面受到很大的限制，因此他們在親密關係中的性與情緒連結上有一點冷感。灶神星位在的星座，代表性能量演化的不同層次，當一個人將性能量轉化成性欲以外的層次時，儘管力量很強，但也會帶來犧牲。灶神星人馬的人往往會為了宗教或哲學而犧牲了小我的欲望，而灶神星摩羯的人則會為了政治與地位而犧牲了親密關係中的熱情。

如果灶神星摩羯的人火星落在很活躍的位置的話，例如火星落在牡羊，很可能會出現一種奇怪的狀況：他們跟不重要的人發生性關係往往不成問題，但是跟重要的親密對象做愛卻有困難。面對不重要的性關係時，他們的火星可以輕鬆應付，但是面對重要的親密關係時，他們的灶神星往往會有障礙。灶神星摩羯的人不見得不跟別人上床，但是他們可能會沒辦法跟自己的另一半上床，他們的親密關係很容易會因此出問題。

例如我認識一個灶神星摩羯、火星牡羊的人，他的太太長期在國外工作，每年會回台灣幾天，他每年也會利用休假去國外跟太太住幾天。一開始大家都覺得太太出國鞭長莫及，火星牡羊的他又稱不上坐懷不亂的柳下惠，他們的婚姻恐怕很快就會出問題，可是十幾年下來都沒事。原因在於灶神星摩羯的冷感，本來就是因為他們的性能量在追求社會成就時燒得差不多了，太太出國工作，不但等於是夫妻一起追求更高的社會成就，一起為婚姻打拚，加上本來親密關係就不是灶神星摩羯的強項。因此外人看來名存實亡的分偶婚姻，反而剛好最符合灶神星摩羯的理想。

灶神星摩羯的人往往會將性能量完全轉移到對於成功的追求，他們對事業很有野心，很擅長龐大機關組織與公司的行政運作，在工作上律己甚嚴，而且一天可以工作十幾個小時。如果本命星圖整體的配置不錯，他們往往會完成很多重大的成就。灶神星摩羯座追求的正是主流價值認定社會成就，因此他們的價值觀也最容易受到社會讚許。灶神星摩羯出了很多被社會認為很有價值的公眾人物，他們常會是被社會歌頌大公無私的偉人。

大禹治水三過家門而不入，搞不好是擔心一入家門，太太就要抓著他上床了。灶神星摩羯大公無私犧牲私人生活，其實也意謂著他們會有性能量跟生命能量脫節的問題。

Chapter/11

灶神星寶瓶：性能量疏離的外交官

灶神星牡羊、灶神星天秤、灶神星寶瓶都容易跟很多人發生性關係。灶神星牡羊堅持性不應該被任何人或者婚姻制度約束，他們常因為忠於自我而無法忠於一夫一妻的婚姻；灶神星天秤往往自己想要的也要，別人想跟他們上床也上，結果成了花花公子，而且麻煩的是他們喜歡將性與工作混為一談，又常常保持好幾段這樣的關係，關係弄得不清不楚。灶神星寶瓶最特殊之處，在於他們可能是最容易跟朋友發生性關係的人，但是上完床後他們可以雲淡風輕、水過無痕，既不會變成性伴侶，也不會變情人，當然更不會反目成仇。這絕對不是一件容易的事。

灶神星寶瓶在性上面非常像愛與和平的嬉皮年代。如果說灶神星人馬的性是一場冒險，灶神星寶瓶的性就像一場實驗。他們在性上面很疏離，但很容易跟別人擦槍走火。

例如我認識一個灶神星寶瓶的人，她之前去美國住了幾年，有一次有個老朋友去美國看她，兩個人聊天聊得晚了，於是對方順理成章的留宿她家，結果不知道怎麼的聊天聊著聊著就上了床。最奇怪的是，隔天早上起床之後，一切沒有任何改變，兩個人照常一起吃飯聊天，還一起去逛街。後來她搬回台灣，也還是照舊跟對方維持一般的朋友關係，完全像是什麼事都沒發生。

灶神星寶瓶最大的特質就在於他們在性上毫無佔有欲，對灶神星寶瓶來說，上床純粹像是兩個人在俱樂部中的社交般尋常。他們不會因為性而對他人有所承諾，也不會想要擁有。他們上床前不在乎對方有沒有另一半，也不會因為上了床而想對方進一步發展。

灶神星寶瓶非常超然、疏離，當他們把另一半當成朋友之後，往往會連對自己的配偶都不會有佔有欲。我有個灶神星寶瓶的朋友就曾經告訴我，由於他長年在大陸工作，太太固然管不著他的生活，而他對太太在台灣會不會跟別人發生關係也不在意——只要別告訴他就可以了。

很多人會覺得在性上有如人民公社般的灶神星寶瓶性關係混亂，但真正性關係混亂、搞得雞飛狗跳的人絕非灶神星寶瓶。他們或許會是國外參加換妻、換夫俱樂部的人，但如果稍微研究一下就會發現，國外這些參加換妻、換夫俱樂部鬧到殺人的幾乎沒有，真的會出人命的都是不敢告人的祕密姦情。將上床當成社交的灶神星寶瓶，其實只不過是在跟別人打網球、打羽毛球之類的選項多增加了一個上床的可能性。這也就是灶神星寶瓶的關鍵所在——越是能將性客觀公開的人越不會產生情緒上的糾葛，越是不能公開的祕密姦情，越容易出大問題。

不過，可以這麼客觀疏離的看待性關係也會有一個問題，一個把性當成打球一樣普通的人，他們在性上面太疏離、太缺乏激情，跟這些人上床其實也就沒什麼好玩的了——沒有人會對打球的球友朝思暮想。這也是他們能夠跟朋友上完床之後不出問題的原因，因為跟他們上床其實沒什麼意思，毫無黏著性可言，因此不會讓跟他們上過床的人朝思暮想，不會想要跟他們維持固定的性關係。

灶神星寶瓶的人在性上面完全不受他人影響，他們在其他任何方面當然也不受人管轄。他們的觀念相當非主流，他們相信生命能量是不可以被干預的，應該愛做什麼就做什麼。因此非常多灶神星寶瓶的人在日常生活中很難相處，他們有為所欲為的一面，當他們想做什麼事情的時候，身邊的人是不能反對的。

這跟灶神星牡羊的狀況不太相同。牡羊座具有很強的侵略性，但侵略也是一種跟別人打交道的方式，不管是說服別人或者要別人照著他們的想法做事，都是在向別人爭取做自己的權利。而灶神星寶瓶的人連爭取都免了，他們根本不覺得有這個必要，他們想做什麼就直接做。

灶神星寶瓶天生反抗主流價值與權威人物，但他們的反抗跟灶神星牡羊的人不一樣。灶神星寶瓶的反抗在於不參與，而非實際跟他人對抗，他們完全是自顧自過日子，完全不受他人影響。

灶神星寶瓶有一個優點，由於他們的生命能量都著眼於大的群體意識，如果進化程度高，他們會是真正具有世界大同觀念的人。他們原本在性上面就已經相當疏離，發展得很好的灶神星寶瓶的人會將性能量轉化去從事人道主義、世界公民的工作。

Chapter/12

灶神星雙魚：性能量犧牲的服務者

灶神星最原始的形象就是維斯塔（Vesta），也就是在神廟中從事性服務的女祭司。雙魚座具有混亂、迷惘的特質，灶神星落在雙魚是一個很特殊的位置，灶神星雙魚代表他們的性屬於別人而不屬於自己。當一個人灶神星位於雙魚，他們永遠搞不清楚為什麼只要有人找他們上床，他們就彷彿不由自主的必須提供性服務。

寶瓶是我行我素，雙魚是犧牲。從表面上來看，灶神星寶瓶跟灶神星雙魚都會跟很多人上床，但灶神星寶瓶跟人上床，他們會知道這些是自己想要的，他們不會事後認為自己是被人騙上床或不由自主，因此事後不會有不愉快的感覺。也因為他們跟人發生的性關係是自願的行為，不會感覺自己是受害者，因此事後都還可以跟對方繼續維持友誼關係。但灶神星雙魚跟人上了床之後，往往會感到自己彷彿是性的祭壇上的祭品，他們常會有著混亂的性關係，而這些往往不是他們自己想要的。灶神星寶瓶可以上完床後船過水無痕，但灶神星雙魚的人往往上完床後跟對方關係變得很糟。灶神星雙魚的問題在於，他們不像灶神星寶瓶敢承認自己性關係混亂的這一面，對他們來說，這是不能說的祕密。灶神星雙魚的人絕對不可能願意公開談論自己的性生活，他們甚至不願意承認人在性關係上是有可能開放的。

灶神星雙魚由於來者不拒，所以他們可能會跟很不錯的人上床，也可能跟很差的人上床。灶神星寶瓶的人雖然跟很多人上床，但他們自有一套標準，除非他們的品味特別壞——但即使如此，這些都還是出自於他們自己的選擇。從外人眼光來看，灶神星寶瓶或許也跟很多不該上床的人上床，但他們自己並不會這麼覺得；而灶神星雙魚即使事實上是跟很好的對象上床，但他們還是覺得自己上錯了床。

灶神星雙魚並不是那種性欲特別強，或者特別愛談戀愛的人。這些人其實生活多半很正常，但是卻很不可思議的在性上缺乏自主權，即使結了婚，還是容易陷入混亂的性關係中。也因為灶神星雙魚缺乏挑選性伴侶的能力，因此很多灶神星雙魚在經歷了很多痛苦經驗之後，他們可能會選擇全然的禁欲。因為無論好壞一概拒絕，反而對他們簡單得多。

灶神星往往會是當事人生命中必須致力於的工作，他們會從灶神星的工作關係中得到認同、受到很多考驗，並且從中學會如何轉化自己的欲望。灶神星雙魚基本上都必須要從事服務性的工作，但當事人往往要花很長的時間，才會真正了解這件事。尤其如果當灶神星雙魚落在很現實的宮位，例如十宮事業宮，他們就會繞更遠的路才找得到真正的人生目標。

灶神星雙魚最不適合做的事，就是為自己謀福利。他們的天性中帶有服務他人的使命，可是他們很難發現這一點，但是雙魚的迷惘特質會讓他們一直偏離生命的主題，他們常常會花上一生的時間去做一些他們認為很重要卻不是服務他人的事情，到最後卻感到一無所獲。

灶神星雙魚如果落在十宮而且相位不錯，當事人往往有機會獲得很大的事業成就，但要讓一個成功的人領悟自己並不是在做自己想做的事是很困難的。比如我認識一個灶神星雙魚又落在十宮的人，他現在六十歲，他從二十多歲出社會之後，花了三十多年一直努力往成功之路邁進，但在他爬到人生的高峰時，忽然工作出了很大的問題，讓他高高摔下，這件事情讓他發現，他辛苦爬得這麼高，目的不過是為了要從巔峰摔下，讓靈魂頓悟到過去三十幾年來，其實他並不是那麼滿意於自己的工作。也因此，灶神星雙魚一生中最重要的可能就是自我否定的過程。他們的人生可能會花上很多時間讓自己成功，但到了最後，他們會發現其實真正的成功來自於自我否定。

PART

3

灶神星宮位——性能量燃燒於不同情境

每個人在地球上誕生時的星空，決定了本命星圖中行星落在什麼星座、彼此有什麼相位。誕生時的地平線與黃道的交點，就是被俗稱為上昇星座的上昇點，上昇點是每個人生命的起點，從上昇點開始畫出十二個宮位，分別是每個人生命中必有的十二個領域。

十二個宮位包括：一宮的童年與自我形象；二宮的個人資源；三宮的手足與常識；四宮的內心之家；五宮的戀愛、子女與創造；六宮的工作與健康；七宮的伴侶關係；八宮的性、權力、金錢的共享資產；九宮的異國與人生哲學；十宮的事業舞台；十一宮的社交舞台；十二宮的靈魂輪迴。

當灶神星落入不同宮位，意謂著當事人會將性能量致力於展現於該宮位代表的生命情境中。舉例來說，灶神星一宮的人會致力於為自己而活，灶神星七宮的人會致力於照顧伴侶；灶神星四宮的人會致力於家業的傳承，灶神星十宮的人則會致力於社會地位的追求。

四顆小行星的議題，都是大家會經由人際關係中學到的靈魂功課，當一個人將灶神星的專注力，專心全意的投注於宮位的生命領域時，也意謂著當事人一定會在這個領域吃大虧或者摔一大跤之後，因此學到寶貴的功課。

Chapter/1

灶神星一宮：致力於發現自己

灶神星一宮的人一輩子會花很大的精力在發現自己，一般人對於「我是誰」的問題多半只不是嘴巴上說說而已，未必真的很關心。但灶神星一宮的人常常需要實際上去界定自己是個什麼樣的人，他們特別重視自己跟周圍的人，以及自我跟社會環境之間的關係。

例如我認識一個灶神星一宮的人，他在小學的時候發現自己是被收養的小孩，而且查不到親生父母的資料。對一般人來說，自己從何處來並不是一個問題，不管是禿頭或者皮膚太黑，這些受到父母遺傳的影響顯然易見。生命當中無數的認同或者抱怨都有其出處。但是對於親生父母不明的人來說，他們無法從這些對一般人來說是理所當然的血緣中找到認同，因此特別會有必須要去尋找自我的這一面，也特別會有一種要為自己而活的心態。

當然不是每個灶神星一宮的人都會遇到領養的問題，但這個的例子剛好可以清楚的讓大家看到在界定「我是誰」上，灶神星一宮的狀況。界定自己是什麼，對灶神星一宮的人特別重要。因此很多灶神星一宮的人很不好相處，因為他們常會犧牲自己的家人、朋友，犧牲很多的事物，只為了證明自己愛做什麼就要做什麼。

灶神星一宮的人遇到人生中的重要事情時，他們絕對不肯為家人、為環境妥協，他們永遠要做自己。灶神星跟一個人工作與親密關係中的行為方式最有關係，灶神星一宮的人，不管太陽落在再溫和的星座，他們都不願意跟別人妥協。例如我認識一個灶神星一宮的太陽天秤女生，她個性非常溫柔，但前陣子離了婚，因為她的太陽天秤雖然很願意跟別人配合，但只要牽涉到重要的親密關係時，她就完全不肯妥協。

Chapter/2

灶神星二宮：致力於獲取資源

灶神星二宮的人非常看重自己的價值與資源，但如果灶神星有九十度或一百八十度剋相，當事人會非常不容易得到他們生命中想要得到的東西。

在印度占星學中，灶神星落在二宮如果跟太陽或冥王星等重要行星形成嚴重剋相（度數誤差值在一兩度以內），可能會限制身體的發展，意謂著當事人可能會不容易養大，必須特別注意可能會有早夭的問題。

灶神星不管相位好壞，都代表當事人必須經由這個領域的事情而得到改變。灶神星二宮的人都很看重自己的資源，但如果相位不好，他們的資源會很容易被別人奪走。我認識一個灶神星二宮的人，在她離婚的時候，幾乎所有的錢都被丈夫拿走了。

不管灶神星落在什麼宮位，都意謂著當事人特別在乎這個領域的事情。灶神星一宮的人特別在乎自己的獨立自主，可是他們一生一定會遇到一個教訓，讓他們從此對於獨立這件事，有一個不同於早年的看法。即使相位不錯，灶神星往往代表當事人對某個領域特別在意，也特別擅長，但也意謂著這個領域會給他們帶來教訓。灶神星二宮的人不論相位好壞，當事人都會學到一個跟自己的資源有關的重大教訓。例如剛剛提到的當事人就在離婚的官司中得到了一個金錢上的教訓，這個教訓使得她日後可以透過一種比較靈性而不那麼現實的態度來看待金錢。

Chapter/3

灶神星三宮：致力於深度溝通

灶神星所在的宮位，都意謂著原本在這個領域中事物，必須要有靈性的轉化與提升，三宮原本代表的是一般日常生活中跟別人聊天閒扯之類的話題，所以三宮或雙子很強的人，基本上都很喜歡閒扯。灶神星三宮的人特別重視自己的心智發展與溝通，但他們也因為實在太在乎，為了要尋求最好的溝通，反而可能會把自己封閉起來，因而無法跟人在正常狀態下溝通。也因此，灶神星三宮是一個非常有潛力成為好作家的位置——別以為能夠寫出浩浩蕩蕩數十萬字的作家平常一定喜歡跟人溝通，能夠動輒寫出數十萬字的人，平常大概也沒有太多時間與興趣去跟人聊天。像德國文學家赫曼赫塞（Hermann Hesse）就是灶神星三宮，他就曾經有一段時間在科莫湖畔過著隱居寫作的生活。

灶神星三宮的人往往早年教育不會表現得很好，因為他們的思考習慣從小就比較嚴肅，他們不適合通才教育。不過如果灶神星三宮的相位不錯，他們雖然小時不佳，但有可能大時了了。灶神星三宮重視有意義的溝通，思考也很嚴肅，但這跟喜歡討論嚴肅話題的水星九宮或水星人馬不同。

水星九宮或水星人馬的人喜歡談論嚴肅的主題，例如哲學、神學，而灶神星三宮的人往往談論的是日常生活中的事情，但是他們可以將這些事情探討得很嚴謹。把嚴肅的主題談得很嚴肅不稀奇，可以把嚴肅的事情談得很輕鬆、把輕鬆的事情討論得很嚴肅，這才是特殊的溝通。灶神星三宮的厲害之處，在於他們談的或許不是嚴肅的人生哲學或國家大事，但他們可以從很多日常生活吃飯、睡覺的事情中，談出生命的意義。

Chapter/4

灶神星四宮：致力於維持家業

灶神星四宮的人往往出身於不同於一般的家庭，以致於他們必須要致力於家業。他們對家庭會有很大的責任，也可以說，家庭就是他們的工作，他們這輩子都必須致力於保存家庭、祖先的傳統文化。

家業或許有大有小，但對灶神星四宮的人來說，家業不管大小都很重要。如果相位好，他們會是世家子弟，甚至出身於皇家，也可能出身於家世並不顯赫的家庭，但是他們會將照顧父母、照顧家中產物，當成人生中的重要工作。

很多灶神星四宮的人也有維繫家庭的穩固與傳承的責任，例如英國的查理王子，他的灶神星就在四宮。灶神星四宮會讓當事人有一種必須要照顧家人、承擔家業的責任。而所謂的家業，有可能是皇家頭銜、文化傳承，但也可能不過是管理家中大小瑣事罷了。

當事人會有一種「我不管誰管」的執著，因此不得不為家庭作出犧牲。很多人恐怕覺得查理王子享受皇家的尊榮不算犧牲，事實上身為王室成員限制極多，看在真正的有錢人眼中，這種投資報酬率完全不划算，真正大富大貴的人絕對不會願意過這樣的人生。

灶神星的宮位往往會使當事人對於這個領域帶有一種執著，而這種執著絕對不會僅僅是一種浪漫的夢想，它一定會帶來想要為這個領域做一些實際工作的責任。我前陣子訪問了一個灶神星四宮的人，她從小就在歌仔戲戲班長大，小時候雖然很抗拒歌仔戲的工作，但後來她一直從事於精緻歌仔戲傳承的工作。從她身上可以看得出非常多灶神星四宮的影響。例如她四十幾歲還未婚，並不是因為缺乏追求者，而是因為她的結婚條件是婚後必須要跟她母親一起生活，或許因此讓很多人打了退堂鼓。她常感覺到自己跟母親之間的緣分不僅只是這一世的母女關係，她的父親是戲狀元，因為愛上了唱歌仔戲的母親，母親又懷了她而落地生根成了家。她覺得父母的相戀與她的誕生，絕對不只是單純的男女之愛，裡面一定具有復興家業的緣分。戰後台灣歌仔戲的發展以外台戲為主，但她的父母當年從事的是精緻的內台戲，因此她要復興的不僅僅是家庭的家業，還包含了精緻歌仔戲傳承的使命。

灶神星四宮有時候也可能會演出很荒唐的劇情。我認識一個灶神星四宮的人，他在事業上非常有成就，社會地位很高，但多年來一直飽受不成材弟妹無理取鬧的親情勒索，每每只能花錢了事。每個月的薪水不少都花在弟妹身上。可見灶神星四宮的責任，未必都像查理王子的家業這麼言之成理。

我認識一個灶神星四宮的人，她的祖父多年前是國大代表，名下留有一棟位在內湖的山莊。但這個山莊多年來一直因為照顧祖父的傳令兵一家人不願意搬走而產權狀況複雜。由於祖父除了這棟房子之外別無遺產，祖父過世之後的十年時間，她都一直在處理這個複雜的房產問題。她的父母早已過世多年，寶瓶座的妹妹很少返台，妹妹對於這個房產的態度是有當然好，但也懶得多管。她最抱怨的地方，在於自己為了這份遺產苦惱多年，妹妹即使什麼都不管，到時候也可以分到三分之一。其實她也大可以跟妹妹一樣放著不管，但是她的灶神星四宮讓她就是對這件事情看不開。

我也認識一些灶神星四宮的人很年輕的時候就遇到父親生意失敗的難題，因此必須邊念書邊打工補貼家用。灶神星四宮往往也意謂著當事人有必須照顧家中老人的責任。雖然很多家庭裡都有老人，但未必都需要被人照顧，而即使家有無法獨立生活的老人，也未必每個子女都得負起照顧的責任，我有個灶神星四宮的朋友，她三十幾歲未婚，在台北原本有一份還不錯的工作，前陣子父親過世之後，母親由於晚年喪偶而有憂鬱症的症狀，家中大小事本來就都是歸她打理，母親健康狀況變差之後，她甚至辭去原先很有發展的工作，回到南部專心照顧母親。她的家中還有四個兄弟姊妹，但只有灶神星四宮的她會為了打點家中事務而犧牲自己原有的生活。

Chapter/5

灶神星五宮：致力於創造力的培育

五宮跟個人的創作、個人的表達，或者跟小孩相關的事物有關，也跟遊戲、競賽有關。灶神星是一種實際的工作，因此灶神星五宮的人有可能會特別把五宮領域當中的運動、創作這類原本屬於玩樂的事情變成他的正職，很多職業運動員或創作者的灶神星都落在五宮。

如果說灶神星四宮的人會將家庭視為他們必須承擔的責任，灶神星五宮則視小孩為創造力的工作，對他們來說，小孩不只是親情的責任，更是他們為這個世界留下來的一個創造的印記。灶神星五宮的人如果有小孩，照顧小孩往往會成為他們的工作。如果灶神星五宮有剋相，當事人也有可能面臨小孩的監護權被剝奪的問題。灶神星五宮的人跟小孩的關係很特別，對他們來說，小孩不只是小孩，小孩更是個人創造力的延伸。例如英國的黛安娜王妃，她的灶神星就在五宮。雖然黛安娜已經過世多年，但世人每當看到了長相跟黛安娜王妃十分神似的威廉王子，就會想起黛安娜。威廉王子就是黛安娜王妃在這個世界上留下創造的印記。

灶神星雖然是很強的性能量，可是一個人的能量畢竟有限，當一個人將灶神星能量用在五宮，不但代表他會減少其他宮的活動，如果當事人將灶神星五宮的能量發揮在培養小孩時，灶神星能量發揮在創作、運動、遊戲的比例也會降低。我有個很有事業成就的朋友，他的太太多年前因為工作關係離開了台灣，從此他成為了一個單親爸爸，全心全意父兼母職照顧小孩。

這個朋友年輕的時候也頗為花心，但從接手照顧小孩的這十幾年來，即使晚上出門跟大家聚會，晚上時間一到，他就要回家陪小孩，週末假日更是完全以小孩為重。而且不光只是陪伴小孩，他對教育自己的小孩，尤其是在培養小孩的創造力這件事情上，他的付出簡直是不遺餘力。我這個朋友本身就是一個很有創造力的人，我發現，他不但對自己的創造力有興趣，他對培育自己小孩的創造力也很有興趣。

灶神星五宮有時候意謂著當事人的子女是天才兒童，讓天才子女能夠充分發揮創意，成為了當事人的工作——這同時也意謂著為了培養小孩，當事人必須要犧牲自己的創意與自己的生活。我這個朋友就遇到了這種狀況。他的小孩很小就很喜歡日本，尤其喜歡日本職棒，這個爸爸因此每年夏天都會帶小孩去日本職棒比賽。這個小女孩也因此對於日本職棒的知識豐富到不可思議的程度。他是一個太陽摩羯的男人，事業做得非常成功，生活也非常忙碌，如果不是因為灶神星在五宮，否則無法解釋事業心很重的他為什麼會對照顧小孩有這麼大的熱情。

Chapter/6

灶神星六宮：致力於工作表現

灶神星落在六宮是個還不錯的位置，因為灶神星落在跟處女相關的六宮，能量比較容易發揮。相較於灶神星十二宮的人很難發覺自己生命的使命，灶神星六宮的人會比較容易發現自己適合做什麼樣的工作。適合灶神星六宮的工作都是對他人有實質幫助的工作，不管是愛滋病的防治、推動環保或協助殘障兒童，灶神星六宮的工作都是實際的社會服務。相較之下，灶神星十二宮則屬於對他人有利的心靈服務，兩者相比，實際的社會服務的確比抽象的心靈協助要具體得多，也比較容易發覺生命使命所在。

灶神星六宮的人一生中常會遇到一些特殊身體狀況，因此不得不去思考健康議題。很多灶神星六宮的人是工作狂，而他們的健康議題也往往來自於他們的過度工作。

灶神星六宮的人通常工作表現都很傑出，但他們一生中也都會遇到一個來自於工作的重大挫折，讓他們去思考工作這件事情當中是否有著更高的價值。或者去思考如何延伸他們的工作，超越個人利益，進而讓整個社會都能獲益。我有個灶神星六宮的朋友，他以前在石油公司工作，由於很他清楚石油化工產業的各種問題，後來成為了一個很重要的環保鬥士。

Chapter/7

灶神星七宮：致力於照顧伴侶

灶神星七宮意謂著當事人這輩子會致力於協助重要合夥人，當事人這輩子的伴侶關係對他們來說都不輕鬆，他們的伴侶都會需要當事人的陪伴與照顧。照顧另一半往往會是灶神星七宮很大的責任，當事人會透過這些工作從中學習，並因此有所轉化與改變。

例如我認識一個灶神星七宮的人，他的太太有遺傳性精神疾病的問題，雖然不致於嚴重到需要住進精神病院，但日常生活起居都還是需要他的照顧。他從不到五十歲就提早退休，二十多年來等於每天都在照顧太太的生活。

相較於灶神星一宮的人會將生命中主要工作放在做自己身上，灶神星七宮的人則會將生命中的主要能量放在為伴侶服務上。灶神星的能量具有排他性，灶神星七宮意謂著為伴侶服務會佔據當事人許多的時間精力，這個無法逃避責任是當事人這輩子的重要生命功課，而透過這種實際的陪伴，他們會從中學習到靈性的價值。

乍聽之下，必須為伴侶服務的灶神星七宮跟以伴侶為責任的土星七宮或冥王星七宮有點類似，土星或冥王星在七宮的人可能也會因為伴侶的種種問題而帶給當事人很多人生的束縛，但他們不會像灶神星七宮的人這樣一定得要為伴侶提供實質上的勞務，也不會它將視為人生當中最重要的工作。此外，灶神星的工作本身具有一種專屬性、獨佔性的特質，灶神星七宮的人會因為伴侶而花費很多的時間精力，這也意謂著除了伴侶之外的人際關係因此會被忽略。而這也是土星七宮或冥王星七宮的人不會出現的狀況。

Chapter/8

灶神星八宮：致力於他人內心的探索

八宮跟人類的潛意識、深層的心理與玄學有關。八宮的心電感應與十二宮的心有靈犀不同，兩者的差別，簡單來說，八宮跟人有關，跟鬼無關。一個八宮很強或天蠍很強的人，當事人一定對「人」有很深刻的了解，但他們對輪迴與任何無形界的鬼神之類的事情沒有感應。也因此，如果一個人八宮或天蠍很強，卻完全沒有十二宮或雙魚能量，他們可以把人看得很深，卻完全不怕鬼神，甚至根本否認世界上有鬼神的存在。

灶神星八宮的人對於人的深層意識很著迷，他們很容易因此跟別人在性、金錢方面發展出很複雜的關係，他們對於人類心靈當中有點扭曲，甚至有點瘋狂的內心世界很感興趣。像梵谷的灶神星就在八宮，他跟身邊有關的人總是會產生很強烈的情感關係，他常常會跟人吵架，常與人起衝突。而且梵谷不只是灶神星八宮，他還有土星金星九十度的問題，因此梵谷每次追求一個女人，往往反而導致對方的離開。因為一般人不會喜歡自己的情人永遠想要挖掘自己的內心，更別說是一個常常看起來神經兮兮的追求者了。

我自己的灶神星也在八宮，不過還好我的天王星也在八宮，跟灶神星合相，所以雖然我從小就跟很多身邊的人的關係都很深入，但又不致於讓別人感到壓力很大，天王星具有強大的心智轉化的能量，所以我會很容易將灶神星的能量轉化到研究心智或神秘學的層面，因此雖然我的灶神星會讓我對人心很好奇，跟人的關係很深，卻沒有惹禍上身，如果我的灶神星在八宮是跟本命土星或冥王星合相的話，狀況就會不同了。

在本命星圖中的天王星與海王星不管落入什麼宮位，或跟其他行星形成相位，都會降低現實的力量，而有一部分轉移到心智或靈性的探索，而冥王星跟土星則會使現實性增強。如果灶神星跟冥王星都在八宮，造成的麻煩就會遠比只有灶神星在八宮更多。

Chapter/9

灶神星九宮：致力於追求異國夢想

灶神星九宮的人會致力於異國、宗教、哲學等跟九宮相關領域的工作。異國經驗對灶神星九宮的人來說，常常會為當事人的生命帶來重要改變。灶神星九宮的人都會跟外國有緣，但也有可能是不容易完成的緣分。占星學中灶神星九宮，意謂著當事人會因為異國而使生命產生重大的改變，但也有很多灶神星九宮的人遇到的是無法完成的異國夢想。

我認識幾個灶神星九宮的人都有這樣的困境。比如有一個去英國留學的人，就在快要拿到碩士學位的時候，母親忽然病重生命垂危，他又是家中獨子，因此不得不放棄學位回到台灣。另一個灶神星九宮的人婚後跟先生一起去美國念書，也是只差幾個月就可以拿到學位時婚姻出了問題，由於離婚的過程太過痛苦，讓她無法忍受異國生活的壓力，因此沒辦法完成學業就回到台灣。異國成為她無法完成的一個夢。

Chapter/10

灶神星十宮：致力於追求社會地位

灶神星十宮意謂著社會關係對當事人來說非常重要。我認識許多從基層做起的高官或大公司的重要主管，很多人的灶神星在十宮。他們特別服從權威，往往會進入大機構、大公司，也願意從基層慢慢做起。例如教皇若望保祿一世（Pope John Paul I）的灶神星在天蠍，就跟水星在十宮合相。

灶神星十宮的人，如果灶神星落在摩羯（包含摩羯）之前的星座，而且相位不錯的話，他們就容易擁有他們想要的社會地位，但如果灶神星落在寶瓶、雙魚，他們還是會很有事業心，但即使他們可以登上高位，也容易重重摔下。因為寶瓶跟雙魚特別不適合追求十宮領域的世俗地位與成就。

其實灶神星寶瓶、雙魚的人往往非常聰明，如果這些人不去追求十宮的社會地位與財富的話，會有了不起的成就。可惜大部分灶神星十宮的人當局者迷，他們就是沒辦法過得了這一關，因而終身為了幾十萬的薪水、頭銜所困，終究無法達成他們本來應該可以到達的人生境界。

例如我認識一個灶神星寶瓶在十宮的人，他的學經歷一切條件都很好，因而一直能做到很高的職位，擁有很高的薪水，但他也一輩子事業運不佳，不管是去大公司上班或者自己當老闆，都一直面臨事業的起落，無法一直保有成功、穩居高位。很多人可能會很羨慕灶神星十宮的社會地位，但不為人知的是，為了保有社會地位，他們可能因此犧牲了一生。

Chapter/11

灶神星十一宮：致力於社團互動

灶神星落在第九、十、十一、十二宮時，可說是進入了與集體有關聯的領域。灶神星十一宮會使當事人對於「團體」有一種強烈的必須投入的需要。團體對他們的生命非常重要，因此他們會將自己的性能量，集中發揮在這樣的團體中燃燒、昇華。這種團體不會是十宮的大公司或者政府機構，也不同於九宮的純粹理念，它一定會是一個具體的團體，而且具有志同道合、有志一同的特質。

如果同樣以基督徒為例，灶神星十一宮的人會將能量投諸某個基督教團或教會，十一宮與九宮的宗教不同之處在於，九宮代表的是高等的思想，意謂著當事人是對於宗教的理念本身具有很大的興趣，但對於灶神星十一宮來說，當事人不會只是在家裡念念聖經、研究教義就能得到滿足，他們可能一個禮拜要去教會三次，一定要參加很多教會活動，他們需要的是跟教友的互動。隸屬於某一個教會或教團，對他們來說非常重要。

灶神星十一宮中有很多從事社會工作、人道主義與文化推廣的人。他們常常會從事與公共事務有關的工作。十一宮的特色在於一定要有成員、有組織，卻又不同於十宮的公司與實際的社會地位。十一宮的活動都跟志同道合有關，這些活動受到社會矚目的程度都不同，但即使是比較容易受矚目的領域，例如許信良的灶神星在十一宮，所以他熱衷於政治圈，但許信良之所以具有社會上的知名度，是基於他有很強的十宮，一個人如果十宮能量很強，大眾才可能會因為十宮的舞台而得知他在十一宮的活動，否則光是十一宮的活動，不太容易被社會所知。如果缺乏很強的十宮，即使熱衷於政治圈，但他們還是不會被大眾所知，他們可能是黨團中的活躍份子，但不會是檯面上的政治人物。

我有一些灶神星十一宮的朋友，他們就將大部分的精力投注於文藝圈中。例如我有一個已婚的朋友，他每天都在外頭混到快天亮，凌晨四點左右才回家。儘管晚上不回家，太太也不需要太擔心他會出軌，因為他在外面其實都是在熱心的管文藝圈中的大小事，當一個人對某一個團體有這麼大的認同，他的灶神星就不太可能會使用在出軌外遇的性行為上。這種人往往比每天下班就回家的老公還值得放心，因為他們所有性能量的生命火種，其實都已經集中燃燒在十一宮的非個人事物上了。

灶神星十一宮的人之所以熱衷於參加各式各樣的團體，原因在於他們希望為人類整體帶來改革，因而朝向更好的目標進步。當他們參加教會組織，是因為相信宗教能夠為人類帶來更崇高的價值，因此他們會希望能有更多人成為教友；如果反映在政治圈，他們會基於這個政治團體能夠帶來民主、人道主義或各種政治理念；如果反映在文化圈，他們也會基於提升文化的責任感，而致力於投入這個圈子中的各種事務。

灶神星十一宮的人都會跟某個圈子有著大量互動，但互動的形式與互動的行為，會隨灶神星落入的星座而有所不同。如果灶神星十一宮又落在寶瓶，當事人跟這個圈子裡頭成員就比較會有一律平等的社交情感；如果落在天蠍，圈子裡面就會有少數成員跟他們有特別深厚的情誼；如果落在巨蟹，不管他們致力於攝影圈、文藝圈或政治圈，他們都容易把這個圈子裡面的人當成家人（巨蟹）看待。例如我有個灶神星十一宮巨蟹的朋友很愛管圈子裡頭的閒事，而且連別人的家務事都愛管，這個圈子裡頭有人女兒跟媽媽吵架，女兒還會打電話跟這個人商量、訴苦，他們常對這個圈子裡面的人具有家人般的親密感情。

Chapter/12

灶神星十二宮：致力於靈修救贖

十二宮是一個隱藏之宮，比起灶神星落在一宮到十一宮的人來說，灶神星落在十二宮的人會特別難發現自己生命的火種必須用來從事哪一方面的工作。隨著生命過程的改變，他們往往必須通過自己不想做什麼，來慢慢的發現自己想做的是什麼。

如果說灶神星是生命的火種，灶神星十二宮最像廟裡或家中祭祀的一柱香，雖然微弱，但也最不容易熄滅。灶神星十二宮的人常常會感到焦慮，因為他們常常會覺得內在有一些地方無法被滿足，常常覺得他們做的很多事情都不是自己想要的。

他們也常在性上面會遇到一些問題，性很容易會觸及他們的禁忌。他們往往在童年會遇到一些跟性有關得不愉快事物。不管是親身遭遇一些跟性有關的問題，或者是看到別人的性行為而感到污穢，總而言之，性對他們來說，一直是生命中不太能夠坦然面對的禁忌。

儘管灶神星十二宮的人常不知道什麼才是生命中真正想做的事情，但他們都會充滿想要幫助別人的渴望。幫助別人都會讓他們很快樂，但這種感覺卻像微弱的火光一樣，沒辦法像灶神星落在其他宮位的人那麼容易意識得到應該朝向何方，除非當事人本命星圖中灶神星跟其他行星形成了很強的相位，否則他們都必須經歷很長時間的尋找，才能找到灶神星生命之火的隱藏驅策力。

灶神星十二宮的人，生命火種驅策力主要來自於靈性的救贖，他們不管對救贖自己或對救贖別人都有強大的渴求。在這段長期的摸索過程中，灶神星十二宮往往會先受到本命星圖中其他行星的影響，例如我認識一個九宮、十宮很強的人，他在探索的過程中先經歷了九宮領域的四處求道，各處尋訪名師，也在十宮領域上透過事業的成功幫助了許多人，但不管是各處求道、打坐，或在事業上幫助別人，都無法為他帶來真正的快樂，這些事情固然滿足了他在九宮與十宮的需求，但依然離內心當中真正的渴望有一段距離。在經歷了這麼多不同的追求之後，他才能體認到他真正想要的或許是十二宮，他最想要點燃的是跟輪迴有關、最難以捉摸的神祕之火，神祕主義往往是灶神星十二宮的最後救贖。灶神星十二宮追求的是一種埋藏在無意識的深刻連結。他們往往最終會走向靈修之路。

在跟他人的關係上，灶神星十二宮也有類似的狀況。每個人獲得人際關係滿足的方式都不同，很多人只要跟自己的另一半相處融洽，或者跟父母的感情好，甚至只要能常常陪伴心愛的寵物，就能夠滿足他們在關係上的需求，未必每個人都必須要透過無私的付出。其實要對別人好很容易，但是要做到真正的無私卻很困難，而灶神星十二宮跟他人之間往往必須要透過無私的大愛，他們在人際關係中才能得到最終的滿足。

PART

4

灶神星相位——性能量演出的情節

占星學的解讀，不管是主要行星（如太陽、月亮）、小行星（如灶神星、穀神星、凱龍星）或交點（如南北月交點），都可說奠基於「星座」、「宮位」、「相位」這三大架構中。

行星位於什麼星座，代表它們會透過什麼樣的星座原型，展現出它們的能量。例如一個人的水星位於牡羊座，他們在水星的心智溝通上，就會具有敢言、敢講的牡羊特質，如果一個人的金星位於金牛座，他們在金星的美學品味上，就會具有注重色聲香味觸的金牛特質。

行星落在什麼宮位，代表行星能量會展現在什麼樣的宮位情境中。一個金星落在二宮金錢宮的人，可以因為他的美學品味而賺到錢；一個水星落在十宮事業舞台的人，可能會因為口才好而勝任公司的發言人。

至於行星跟行星之間如果形成相位，代表這兩個行星在黃道座標上的相對位置形成了特定角度，因而產生關聯。原本各自為政的兩個行星，因為彼此產生關聯而有了情節。占星常用的主要相位有四種：零度合相、一百二十度和諧相、九十度衝突相、一百八十度對立相。零度合相就像同聲齊唱，力度是雙倍，但如果遇到剋相時，也就是雙倍的剋相；一百二十度和諧相就像是合唱，彼此可以協調互助，又不會互相壓制；九十度代表雙方各唱各的調，彼此干擾、互扯後腿，會持續的帶來負面影響；一百八十度則代表雙方南轅北轍、完全相反，而且會因為彼此唱反調而互相激化。本書為了篇幅所限，不會一一區分各個相位，除非情況特殊，否則皆以「和諧相位」與「不和諧相位」來區分，九十度與一百八十度皆為不和諧相位，一百二十度為和諧相位。合相情況較為複雜，如果合相的同時並沒有跟其他行星形成負面相位時，可視為和諧相位，否則需要考量負面影響。

占星學有趣的地方在於，大家學到現在，已經算是學了很多，可是還有很多還沒學到的內容，跟生命奧秘有關的課題。不管怎麼學，它都不會脫離你自己生命的奧秘，它只會越學越深邃——如果半年、一年就能將生命的奧秘說盡，這樣的生命豈不是有一點膚淺？其實關鍵都在於對生命有沒有興趣，都在於想要像照鏡子般跟靈魂對話的欲望有多強而已。

不管是任何新學到的內容，它們都可以回頭應用於之前所有學過的案例中。或許之前我們曾經在不同的議題中累積了幾十個或幾百個案例，套入每次將新學到的理論，這些案例也都一定全部可以適用。因為每個人的生命中，原本就存在著無數的資料密碼，而且彼此之間互相密合。

我們會發現，當一個人本命星圖中，如果灶神星冥王星之間如果有九十度不和諧相位，他不可能本命星圖沒有其他問題。也就是說，本命星圖中的相關領域一切正常，卻突然冒出一個灶神星冥王星九十，這是不可能的事。

占星學其實就像是一張有趣的拼圖，儘管每一片拼圖都是獨特的，可是每一片拼圖的獨特議題，背後是為了完成一個更大的功課。因此，每一片拼圖都不會是完全跟別的拼圖完全無關、獨自存在的功課，將每一片拼圖放回整個生命的大功課時，一定都會符合這個大功課的主題。

生命功課的主題，永遠會以不同的面貌，藉由不同的方式，越來越深刻的反覆出現。一張星圖前後探討的如果都是童話故事，它就不可能中間忽然插入一段完全毫不相干的連續殺人犯故事。當我們看到其中一片拼圖出現了某些問題，如果對占星學的理解夠深，往往幾乎可以猜到星圖中還會哪些其他地方會出現跟它有關的問題。

本命星圖的相位就像氣候帶，一定是在幾個相關氣候帶產生的作用下，才會形成風暴。我通常在看到一張星圖主要行星的相位時，就可以約略猜到這張星圖的小行星、南北月交、福點等等大概會怎麼分配，因為所有這些功課都是連在一起，它們都不是分開的。

也就是說，每次我們學習新的課程，都是讓大家回頭審視自己星圖的機會。從本命星圖的主要行星中，已經足以解讀出當事人的命運輪廓，但如果想要讓星圖更立體，就必須要藉由許多小碎片的幫助。其中灶神星會是一個比較大的碎片。至於其他更小的碎片，則像是馬賽克拼貼一樣，能夠讓我們用更細緻、更為藝術化的方式理解星圖。

本命星圖中，一顆行星的相位多寡，會顯現出這顆行星生命功課的重要性。如果一個人本命星圖中的灶神星相位很少，甚至有可能完全沒有相位，但穀神星或婚神星相位很複雜，這意謂著當事人這輩子最重要的功課是穀神星的撫育，或者婚神星的伴侶議題，而非灶神星性能量的自主、運用與轉化。但如果灶神星跟很多行星形成相位，意謂著灶神星會是當事人生命中的重要功課。

從灶神星跟其他行星形成的負面相位中，特別能看到灶神星能量的負面發展。整體來說，如果男性的灶神星跟其他陰性行星（例如月亮、金星）形成九十度或一百八十度的不和諧相位，或者女性的灶神星跟其他陽性行星（例如太陽、火星）形成九十度或一百八十度的不和諧相位時，當事人在性能量的使用上，就會出現很多跟性壓抑有關的問題。

如果一個男性的灶神星跟其他陽性行星（例如太陽、火星）形成九十度或一百八十度的不和諧相位，或者如果一個女性的灶神星跟其他陰性行星（例如月亮、金星）形成九十或一百八十度的不和諧相位時，當事人就容易過度跟他人在性上發生關連。

灶神星在每個星座的時間短則兩三個月，長則大半年，也就是說，同齡的人灶神星常常會在同樣的星座。在人際關係的合盤相位中，灶神星跟灶神星的合相頂多說明了這兩個人對於使用性能量的態度相同，它並不會造成彼此的吸引力。

Chapter/1

灶神星太陽相位的人生目標

灶神星跟太陽的各種相位，代表一個人生命中最想做的事情，也就是這個人灶神星的生命火種，跟他們的太陽，也就是他們的思想、意志、人生目標之間的關聯。

當一個人太陽的意志與想要完成的人生目標，跟他們的灶神星生命本能一致的時候，他們就比較能夠做自己想做的事，因此比較容易成功。但也有很多人的情況相反，如果一個人的太陽跟灶神星目標不一致的話，如果他們想要完成自己的意志，就必須要犧牲自己的欲望。

對男性來說，本命星圖中的太陽代表的是當事人自己，因此灶神星跟太陽的相位，對男性的影響力會比對女性要大。灶神星跟太陽之間如果形成和諧相位，代表當事人在意志上的人生目標，跟他們的生命火種之間沒有衝突。當事人在生命的選擇上，他們通常會比較可以去做自己想做的事。對於男性來說，如果本命星圖中灶神星跟太陽有和諧相位，當事人在陽性能量與男性意識的表達上就會很順暢，他們會很自然的能夠顯現出男性的競爭、侵略性等等陽剛的能量，即使他本身是一個很柔和的男人，甚至外表看起來很女性化，他們都不會感覺到自己在表達陽性能量時會有困難，在做男人這件事情上不會有問題。例如影星布萊德彼特（Brad Pitt）就是灶神星太陽合相在人馬，當事人很自然的就會感覺到自己具有一種陽剛之氣，這是一種跟長相無關的陽性能量。但如果灶神星太陽出現不和諧相位，例如導演伍迪艾倫（Woody Allen）的太陽在人馬、灶神星在雙魚，形成了九十度剋相，當事人的陽性能量、男性意識就會有不容易自然表達的問題，當事人就不可能會非常陽剛。

灶神星跟太陽的和諧相位會有很強大的力量，可以讓當事人將生命的原欲與意志的目標整合。不管他們的性能量是停留在原始的性交層次，或者昇華到不同的階段，生命的原欲都能夠跟他們的人格、意志結合，讓他們可以去做自己想要完成的生命目標。

灶神星是跟他人連結的性能量，火星是性欲，因此灶神星對於性自主權的影響，比火星更大。灶神星太陽之間的和諧相位，不但意謂著他們可以做他們自己想做的事情，他們的性自主權也都會在自己身上。也就是說，不管他們在什麼樣的人際關係中，沒有任何人可以剝奪他們的性自主權。

舉例來說，心理學家榮格（Carl Jung）的灶神星跟太陽合相在獅子，所以他可以透過灶神星的原欲來完成太陽的人生目標。但是如果從他的性關係來看，他的私生活簡直是荒唐到極點——他不但跟太太的妹妹上床，還跟很多女客戶有曖昧關係。他的太太卻從來沒有因此跟他翻臉，甚至還跟榮格的一個情婦有很密切的關係。也就是說，他從來沒有因為他自己想要成為榮格而犧牲自己在性欲上的需求。他的婚姻也沒有為他的性生活帶來任何約束。雖然我們不知道他太太有沒有因為這件事而非常不高興，但至少沒有跟他離婚。不同於太陽火星合相的性欲強或火星海王星相位的性關係混亂，灶神星太陽的合相跟風不風流無關。灶神星太陽合相，意謂著當事人不會覺得當他們進入了親密關係，就得要把性自主權交給另一半。他們不見得一定會出軌，但不出軌可能只是因為沒有遇到適合的對象，而不是因為他們很忠貞。

我有個灶神星跟太陽合相在牡羊的朋友，他有一個太陽天秤的女友，兩人在一起已經很多年了。有時候當他遇到很吸引他的對象時，不管他有沒有跟對方上床，他都敢告訴女友。當然他的女朋友有時候也會覺得有點哀怨，但基本上對他的誠實態度還算欣賞。他的女朋友當然希望能夠跟他步入結婚禮堂，但是他對婚姻還是有很大的疑慮，因為結了婚之後，勢必或多或少會影響到他在性上面的自主權。他在這件事情上，並不是因為好色，而是基於性的自主權考量。對於一個太陽跟灶神星沒有相位的太陽牡羊來說，他們或許很花心，但他們的花心跟他們想要維護性自主權無關。他們可能很大男人主義，但可能不會把這些事情告訴自己的太太或女友。而灶神星跟太陽合相的人，他們會基於性是自己生命中重要的天賦人權，因此對性的自主權非常看重。

灶神星與太陽的和諧相位

灶神星跟太陽有和諧相位的話，當事人在性上面的觀念與態度一定很開放。我們不能夠將灶神星太陽和諧相位的性自主權跟上床畫上等號，很多人到處上床但根本不敢談論討論性事，上床上得偷偷摸摸，或者上床上得很有罪惡感。灶神星跟太陽的和諧相位，意謂著當事人對於性態度的坦然，這跟上不上床並沒有絕對的關係。

灶神星代表的生命火種，跟性不能畫上等號，它會隨著落入的星座、宮位，以及當事人的年齡及靈性發展程度，而有所昇華與轉化。例如榮格雖然在私生活上跟很多人上床，但是目的並不在於上床，這些人都只是他在完成生命創造力的合夥人，而且他也藉由灶神星太陽的能量，成為了分析心理學上面的重要啟發者。另外還有一個實例，就是《安妮的日記》的作者安妮法蘭克（Anne Frank）。她才十五歲就死於集中營，太陽、水星、灶神星都在雙子的她以日記的方式，記錄下自己在納粹統治下的可怕遭遇。日記是一種非常灶神星雙子的文字溝通，灶神星跟太陽在雙子的合相，使她能以記日記做為自我表達工具，同時感動了無數讀者。

灶神星與太陽的不和諧相位

灶神星跟太陽形成正面相位，代表當事人的意識會支持灶神星在性上面的欲望。但如果灶神星跟太陽形成的是九十度或一百八十度的負面相位，當事人的太陽意識就會跟灶神星的欲望產生矛盾。我們也可以用星座能量的角度，來理解灶神星跟太陽形成正面或負面相位的差別。灶神星牡羊的人都會很看重他在性上的自主權，但如果這個人的太陽跟灶神星之間有九十度的負面相位，例如太陽落在巨蟹，他的灶神星牡羊的本能會希望在性方面可以愛怎麼樣就怎麼樣，但是太陽巨蟹的意識重視的卻是家庭的和諧，這麼一來就會很慘。

灶神星跟太陽的九十度相位，意謂著當事人常常會因為本能想做的事情跟腦裡想做的事情之間產生衝突，當事人往往無法在工作中感受到全然滿意，也無法在性關係感覺到全然滿意。他們在這些事情上一定會有一些地方讓他們感到沮喪，一定會有一些地方讓他們必須否認。

他們的灶神星要的或許是性上面的自由，但太陽要的可能是親密感或名聲，到底是太陽重要還是灶神星重要？他們必須在兩者之中做出抉擇，因而導致混亂。他們在人生目標跟生命本能之間，常常魚與熊掌不可兼得。即使他們可能很成功，但他們會很清楚的知道，他們的自我裡面，有一些隱藏的欲望不可能被滿足。他們不可能像榮格一樣，一方面擁有性的自主權，又同時得到人生目標的和諧。

由於經常必須面臨因為衝突而必須有所取捨的局面，他們的應對模式通常可分為以下兩種：他們有可能會特別的自省、退縮，在性上面格外小心謹慎，讓自己隨時保持在一種過度清醒的狀態，以免自己的太陽被灶神星的性本能給控制；他們也可能會因為灶神星的能量過強，常常不知道自己為什麼昏了頭，導致生活陷入了混亂。

所有的不和諧相位都會帶來能量的掙扎。其實太陽跟灶神星有負面相位的人，本質上就不屬於賢妻良母或乖乖牌，有這種相位的人，都會很清楚的意識到，自己的理智與對於人生目標的追求，是多麼的剝削了他們生命裡的本能需要。因此才會有衝突與矛盾。

太陽跟灶神星只要形成相位，代表當事人都會重視性的自主權，如果形成的是不和諧相位，他們就會在意識跟性上面無法獲得和諧關係。很多外遇的人是因為跟另一半感情變差，或者關係變得冷淡。但對於灶神星太陽有相位的人來說，他們對於自己的性自主權的意識，跟他們的婚姻或親密關係狀態無關。他們有可能跟另一半感情非常好，但他們還是很在意自己的性自主權是否受到限制。

灶神星跟太陽之間沒有相位，跟灶神星太陽有相位的最大差別在於，對於灶神星與太陽沒有相位的人來說，他們很可能對性的自主根本沒什麼欲望，也可能將婚後不能亂搞視為天經地義。他們的灶神星跟太陽的需求不會因為經常各自浮上檯面而帶來衝突。他們也很可能會偷偷摸摸背著太太或先生在外頭偷吃，但是他們未必會意識到自己沒有性自主權這件事——事實上灶神星跟太陽有相位，意謂著他們反而不會是喜歡偷雞摸狗偷偷出軌的人，一個不在乎自己性自主權的人，才會偷偷在外頭偷雞摸狗，因為他們怕被太太或先生知道。

Chapter/2

灶神星月亮相位的情緒親密

相較於灶神星跟太陽的相位，灶神星跟月亮形成的相位屬於非常個人隱私的領域，除了當事人之外，外人很難得知。比如我們可以從榮格傳記中，可以得知他在性上面不受婚姻的約束，但是我們無法得知他跟他的情婦之間是否擁有性的親密。這些都是當事人自己才知道的事情。

灶神星跟月亮的相位，說明了當事人在情緒上及情感關係上，是否能跟自己性能量的本能達成整合。如果相位和諧，當事人的情感天生就會比較豐富，而且性交的親密與情緒的親密可以同時兼顧。上床跟表達情感是兩回事，一個灶神星太陽相位好的人不會壓抑想要跟人上床的欲望，但是上了床之後，他們未必會想要跟別人擁抱，他們未必能夠跟性伴侶建立情緒上的親密感。此外，灶神星的性能量不限於性行為，它可以展現在各種人際關係中的性能量連結。灶神星月亮和諧相位的人在表達關心時，含有一種強烈的溫情與熱情，他們的關心中具有情緒的重量，不會讓人感覺有點冷冰冰。

灶神星月亮合相的人比較羅曼蒂克，具有情感豐富的本能，而這種本能會讓他們容易陷入情感關係中。以詩集《惡之華》聞名的法國詩人波特萊爾（Charles Baudelaire），就有這樣的相位。前面提到合相的情況比較複雜，因為合相又跟別的行星形成剋相的話，就不能單純視為和諧相位。從波特萊爾身上就可以明顯看出這樣的狀況。波特萊爾的月亮跟灶神星合相，但是月亮又跟太陽九十，所以等於灶神星也跟太陽九十。灶神星跟太陽的九十度相位，顯示出他的意識跟性方面的衝突，而灶神星跟月亮的合相，則讓他在情感與性方面過於放縱，他後來因為罹患梅毒而過世，也可說跟這個相位有關。

灶神星與月亮的和諧相位

太陽、月亮這兩顆行星跟性別特別有關，灶神星太陽跟灶神星月亮相位，它的影響力會隨當事人的性別而有很明顯的不同。太陽是生命中的重要男性，對於男性當事人來說，太陽常常代表的是自己，對女性當事人來說，太陽則往往會顯現出丈夫的特質；月亮是生命中的重要女性，對男性當事人來說，月亮常常會顯現出妻子的特質，而對女性當事人來說，月亮往往代表的是她自己。

當一個女性的太陽跟灶神星形成和諧相位，代表當事人容易遇到能夠順暢展現陽性能量的對象，因此性生活和諧；當一個女性的太陽跟灶神星形成不和諧相位，當事人就會遇到無法順利展現陽性能量的對象，她也會因為對方無法自然展現陽性能量，產生性方面的困難。同樣的道理，如果一個男性灶神星月亮的相位和諧，當事人就容易遇到女性意識與性能量和諧的對象，簡單來說，他們遇到的對象會比較像女人，雙方的性關係因此比較容易和諧。

如果一個女性灶神星月亮的相位和諧，她們就會比較容易施展女性魅力，她們生命火種的性能量，跟她們的女性意識之間沒有衝突。但如果一個女性灶神星月亮的相位不和諧，即使她們長得很漂亮、外表很女性化，但她們在展現性能量上都沒有辦法很傳統，因此容易跟另一半會有性上面的問題。她們跟生命中重要男性在一起時很難陰陽和諧。

我認識一個月亮跟灶神星一百八十度對立的女生。她是眾人公認的美女，追求者很多，但是她跟交往對象都有性上面不和諧的問題。她的月亮在獅子、灶神星在寶瓶，月亮獅子的女性常常會有控制欲過強的問題，而灶神星寶瓶往往在性上非常獨立、不受拘束，她在這方面其實一點都不女性化。很多男人會因為她的美麗而想要跟她在一起，但是交往之後才發現，她很難用女性的情感跟男人相處。

灶神星與月亮的不和諧相位

灶神星跟月亮的不和諧相位，意謂著當事人從小的生命經驗中，他們在情緒方面容易受到壓制或剝奪，他們常常會感覺到不能表達自己的情緒。灶神星月亮相位不和諧跟灶神星太陽相位不和諧，兩者的差別在於，太陽不和諧的人往往會用理智去過度壓抑自己的性需求，月亮不和諧的人則是他們沒辦法表達性能量，而不是不敢表達。

月亮跟家庭有關，太陽則跟家庭無關。本命星圖中如果有灶神星月亮的負面相位，當事人往往會有原生家庭不和諧的問題，因而導致當事人長大以後會有生理或心理上的性方面的問題，例如性功能障礙、不孕症，或者是性冷感、逃避性生活的問題。灶神星月亮不和諧相位的人，最好求助於專業治療，這樣才能解開他們在性方面的禁忌。這些禁忌來自於他們很敏感，對性的表現缺乏信心，往往會擔心自己在性上面表現得不夠好，有過度恐懼、過度脆弱的傾向。

月亮的力量非常強大，當一個人灶神星月亮相位不和諧，當事人往往就會將能量投射到別的事情上，他們會另外去找一件事情，讓月亮的情緒得以依附。灶神星月亮的不和諧相位，意謂著灶神星的性需要會脫離月亮的情緒。當灶神星跟月亮不和諧時，當事人會強烈的想要去補償灶神星月亮不和諧，為了處理自己在性方面過度焦慮問題，他們有時候將能量轉向，變得過度喜歡幫助別人。例如義大利教育學家、蒙特梭利教育法的創始人瑪莉亞蒙特梭利（Maria Montessori），就有月亮跟灶神星的一百八十度對立相位。蒙特梭利教育法原先是用於一些狀況特殊、在家庭中沒有受到正確對待的兒童，讓他們藉由這種教育方法來適應正常生活——不過現在它在台灣已經有點被貴族化了。

Chapter/3

灶神星水星相位的心智轉化

當灶神星跟水星形成相位，代表當事人灶神星的生命火種，會跟水星的心智活動、語言溝通產生關聯。

灶神星是一種性能量，只要灶神星跟別的行星形成了相位，儘管形式不同，但一定都會帶來跟性有關的影響，尤其太陽、月亮、金星、火星、冥王星這五顆行星本身都跟性有關，因此灶神星跟這五顆行星形成相位時，對於性的影響力特別明顯。不過也因為這五顆行星本身就跟性有關，當它們跟灶神星形成相位，雖然它們的能量會因為灶神星而受到強化，而且可能可以昇華成人生目標、情感、藝術、運動的相關面向，但灶神星依然會保有強烈的性能量本質，因而不可能會有大幅度轉化。

水星就不同了。水星與天王星這兩顆行星本身就跟轉化有關，灶神星跟水星、天王星如果形成好相位，往往會讓能量提升到很高的層次。

灶神星與水星的和諧相位

當灶神星跟水星形成和諧相位時，灶神星的能量就會很容易昇華，因此當事人在心智活動與表達的能量會很卓越。灶神星跟水星如果形成和諧相位，當事人會有一種很強大的生命火種的驅策力，指向水星代表的思想與傳達領域。當事人喜歡透過思想、理念與研究、教導、傳播展現灶神星的能量，因而會在相關領域有很傑出的表現。

如果一個人灶神星水星相位和諧，當事人在能量的使用上也會比較和諧，因此往往可以將灶神星的性能量昇華，他們在展現灶神星能量時往往跟性無關；但灶神星水星的不和諧相位會造成能量的退縮、扭曲或過度發展，反而常常會跟性有關。

灶神星水星的不和諧相位

灶神星如果跟水星之間形成了不和諧相位，當事人就常會出現以下兩種傾向：第一種是當事人會過度隱避、內省，常常因為過度退縮而不敢跟別人溝通，生命的能量被侷限在自我的領域，無法藉由溝通跟他人產生有意義的連結，因此過著孤絕的生活。很多有溝通障礙的人，本命星圖中都有灶神星水星剋相。灶神星水星不和諧相位在親密關係中最容易出現的問題，在於它會使當事人無法跟對方談情說愛，無法用語言表達內心的渴望。

第二種情況是當事人在溝通時會跟性能量過度連結，無法控制。我有個朋友就是這樣，平常跟別人講話時不管對象是大人小孩，總是忍不住夾帶很多髒話，因此都被小孩稱為怪叔叔。也有的人會顯現在做愛時要靠大量髒話才會感到興奮上。這也會造成親密關係的困難，因為除非色情影片，否則在現實生活中，一個男人如果做愛時髒話講不停，這種男人會讓大部分女人感到討厭；而如果一個女人上了床之後滿嘴粗話，能夠接受的男人就更少了。

灶神星是人際關係中的性能量，火星是個人性欲與活力，灶神星水星九十跟火星水星九十度剋相的狀況不同。火星水星九十度的人很單純的就是脾氣不好，喜歡跟人吵架，但灶神星水星的不和諧相位，不管是過度退縮，不敢跟人談情說愛，或者是性能量的過度擴張，太愛講髒話，這些都與性有關，而不是脾氣好不好的問題。

Chapter/4

灶神星金星相位的情感表達

金星是一個人情感的陰性法則，灶神星金星的相位，會影響到一個人在情感上跟性方面是否擁有自主表達的能力與自由。尤其指的是在親密關係中，一個人是否能夠自主表達跟情愛有關的陰性能量。

前面提到，灶神星月亮相位和諧的人，他們能夠在性關係中付出月亮的關懷，而灶神星金星相位和諧的人，他們則能夠在灶神星的性關係中表達出金星的親密感。

灶神星與金星的和諧相位

由於金星是一種陰性能量，所以它對於男性或女性會有不同的影響。對於灶神星金星相位和諧的女性來說，她們情感的女性本能跟性欲的女性本能很和諧，因此會很有女性吸引力，她們會很有能力表達女性想要什麼樣的情愛，以及女性想要什麼樣的性愛，不管是在情感的表達，或是性愛的表達上，她們都會很女性化。她們生命歷程的男女關係中，在滿足女性需求的部分，也就是比較溫柔、被動、受呵護、比較依賴等等的女性情感本能時，她們比較可以很自在的表達、傳達這種能量。她們往往會是愛打扮，也會打扮的嬌滴滴貴婦，不管她們天生的長相美不美，她們也一定會因為認真打扮而顯得比較美。施展女性魅力、把自己打扮得很美，對金星灶神星和諧相位的女生來說很重要。基於異性相吸的法則，這樣的女性通常很能夠吸引到很陽性的男人。

跟知名作家亨利米勒（Anaïs Nin）多年婚外情的女作家安涅絲寧（Anaïs Nin），她的灶神星跟金星就合相在雙魚。大家如果有看過她的照片的話，就會知道她是一個非常女性化、很有女人味的女人。前面在灶神星的星座篇提到，灶神星雙魚的人有時候可能會跟很多人上床，可是他們特別會隱藏，永遠不會像灶神星牡羊那樣，將自己在性上面的需求表現得很明顯。

一方面我們可以說，灶神星金星合相的安涅絲寧，一生中充分的展現了身為一個女性的女性情欲本質。但由於她的灶神星金星合相在雙魚，所以她在展現女性情欲時，是以雙魚的非常陰性、被動的方式展現。灶神星雙魚具有善於躲藏的特質，因此安涅絲寧雖然在自傳體小說中描述了許多自己的婚外情情節，但這本小說是在她先生過世之後才出版，所以搞不好她先生一輩子都沒發現自己的太太出軌。

當一個女性的本命星圖中金星跟灶神星形成和諧相位，她們會是很標準、很女性化的女人；而一個男人如果金星灶神星形成和諧相位，他們都會是很能夠表達自己情感的男人，而且不會是那種很標準的大男人——如果又落在陰性星座的話，這個男人在情感的表達上就會非常陰性，即使他可能本身的個性很陽性。

之前已經出版的《十二星座》書中提到，從一個男性本命星圖中金星位在的星座，可以看出當事人最欣賞的女性原型。一個男人如果金星牡羊，他喜歡的是獨立強悍的大女人；一個男人如果金星雙魚，他喜歡的就會是纖細嬌弱的瓷娃娃。當男性的灶神星跟金星合相，他們在面對自己喜歡的女性時，他們就會用比較溫柔、體貼的方式來表達灶神星的性能量。金星灶神星落在陰性星座的男人喜歡具有陰性特質的女性，他們可能平常做事時的個性很男性，但是在情感上的依賴心卻很重、很黏人。而如果一個男人的金星灶神星和諧相位落在陽性星座，他們喜歡的會是具有陽性特質的女人，他們在情感上會有陽性特質，但是他們會用一種比較柔軟、體貼的方式來表達。

灶神星金星相位和諧的話，當事人都會很迷人——雖然他們可能在別的地方有問題，但是如果跟他們上床，都不會有不愉快的性經驗，不會感覺到壓力。他們不見得很花心，而且他們不容易讓自己陷入讓自己不愉快的性關係中。他們既不會上了不該上的床，也不會該上的床卻沒上，即使灶神星落在比較麻煩的雙魚。金星灶神星相位和諧的人有個特色，跟他們上床的人都會跟他們有親密關係。對他們來說，心靈的親密跟肉體的親密是一體的。他們會因為心靈的親密而上床，上了床之後又會因此跟對方更為親密。他們的親密感、性、愛是合而為一的。如果金星跟灶神星相位不和諧，他們就會遇到親密的對象無法上床，上床的對象無法親密的障礙。

灶神星與金星的不和諧相位

如果一個女性的本命星圖中的金星跟灶神星形成了九十或一百八十度的不和諧相

位，代表當事人對於親密關係有生理的障礙或心理的障礙，她們容易在親密關係中感到疏離，也可能會像翹翹板一樣在兩個極端間擺盪：有的人會傾向於清教徒式的極度禁欲，有的人會極度縱欲。一個女生如果本命星圖中有金星灶神星剋相，代表當事人沒辦法調和自己的女性能量，她在性的表達上就會有不夠女性化的問題，因此有可能會有性別角色錯置的困擾。

一個男性如果本命星圖中金星跟灶神星形成了不和諧相位，當事人就很容易陷入不和諧的性關係中，他們有可能跟對方在性上無法水乳交融，也可能遇到跟在性愛上有障礙的對象，以致於無法獲得情感與性愛上的和諧。

此外，金星跟女性生理有關，火星跟男性生理有關。一個灶神星金星相位和諧的女性，絕對不會深受女性荷爾蒙之苦，灶神星金星不和諧的女性，往往會有女性荷爾蒙方面的問題；一個灶神星火星不和諧的男性，則常有男性荷爾蒙方面的問題。

Chapter/5

灶神星火星相位的性欲活力

火星代表一個人生命中陽性的、行動自主的能量，灶神星火星相位，則代表它跟性能量、性意識表達之間的關係。

火星對男性而言特別重要。對於一個火星灶神星相位和諧的男性來說，即使他們的太陽、上昇是落在巨蟹、天秤這些比較柔和的星座，他們在表達身為男性的陽性能量時，也都會是一件很容易的事。一個外表看起來很斯文，甚至外表有點娘的男生，上床之後不見得也很娘，這完全是不同的兩件事——外表很斯文的強暴犯大有人在。所以我們不能夠從一個男人太陽或上昇的外表，來論斷這個人的火星能量。

灶神星火星的和諧相位

一個男人本命星圖中灶神星跟火星如果相位不錯，他們一定看起來很有活力，而且在性方面一定很主動，不會軟綿綿的在那邊等著對方出手。他們在性的技巧與性的活力上也一定很強，因此他們會是比較好的性伴侶。火星跟灶神星合相或一百二十度和諧相的男人，一定或多或少都會有一些運動的能力，他們很有活力、喜歡運動，也喜歡各種耗費體力的活動——做愛本身也屬於一種很耗費體力的運動。很多運動好手，尤其是類似拳擊之類需要大量體力的運動員，很多都有火星跟灶神星的合相。

如果一個女性的火星跟灶神星形成和諧相位，代表當事人很容易受到很男性化的男生吸引，但她們自己未必會很男性化，可是火星跟灶神星相位不和諧的女生，一定都會有男性化傾向。

灶神星與火星的不和諧相位

火星與灶神星不和諧的女性，她們在跟男性在性關係上會有彼此競爭的問題，因而比較不容易獲得和諧的親密關係。不管她們外表長得多漂亮，在性關係上都會因為太不女性化，因而讓對方感到壓力。也因此，火星灶神星相位不和諧的女性，自然而然的會去尋找比較不那麼男性化的男生，因為她們如果找的是非常男性化的男人，兩強相爭，雙方根本就很難在親密關係中感到和諧。但這並不是說她們跟比較陰性的男人在一起就不會有問題，畢竟女性在能量的使用上，會跟她們先天的生理特質不同，所以她們還是會遇到一些這方面的問題。

至於火星跟灶神星不和諧的男性，他們在性上面往往會有過度男性沙文主義的問題，容易在性上面出現過度侵略的狀況。因此有一些火星灶神星的男人需要藉由嫖妓來解決性需求，因為在正常的親密關係中，一般女生可以接受的是火星灶神星和諧的陽性能量，而無法忍受火星灶神星不和諧的陽性能量，灶神星火星尅相的過度陽性能量會讓女性感到壓力。如果一個男人的火星灶神星不和諧，他們的太太都會不太喜歡跟先生上床，因此他們往往很可能得要藉由外遇或召妓來解決生理需求。

一個人只要火星灶神星不和諧，不管男性或女性，他們在性上面都會有問題。差別在於，女性當事人通常會選擇壓抑，但男性當事人沒辦法用壓抑的方式來解決這個問題，原因在於火星是男性的陽性本能，如果一個男性本命星圖中火星灶神星出現不和諧相位，意謂著當事人一定男性荷爾蒙過剩，他們很難壓抑自己的性能量。

Chapter / 6

灶神星木星相位的社會價值

本命星圖中如果灶神星跟木星形成相位，不管和諧或不和諧，它都代表當事人生命中性的火種比較容易轉化。原因在於灶神星跟木星的相位，都代表灶神星的火種已經從單純的性交提昇到比較高的境界，當事人生命的驅策力原本就比較不那麼陷在海底輪，他們這輩子要學的都會是比較高深的生命創造功課。如果形成的是和諧相位，當事人生命的驅策力常常會跟文化、教育、宗教等等跟木星有關的領域有關。

灶神星木星的相位會使當事人比較容易控制自己的性衝動。對於本命星圖火星相位不好的人來說，這件事情非常重要。也就是說，灶神星的好相位，可以削弱火星壞相位的負面影響；如果一個人火星相位不好，灶神星相位也不好，當事人就會比較麻煩；如果一個人火星相位很好，但灶神星相位不好，當事人還是會有問題。這是因為灶神星具有讓性欲昇華的能力，而火星沒有。因此灶神星有能力可以管火星，火星則管不了灶神星。

灶神星與木星的和諧相位

灶神星木星的和諧相位，意謂著當事人在跟他人產生的性連結的社會倫理中，會有比較強的理解，這種理解有助於欲望的提升與轉化。

如果一個人火星相位很不好，尤其是火星冥王星九十，或火星冥王星一百八十度剋相，當事人可能會對暴力的性很感興趣，但如果灶神星的相位很好，他們可以讓這方面的興趣停留在幻想，看看色情刊物或影片就好，不用真的付諸實行——這是一件很不容易做到的事，因為不管是火星冥王星或火星海王星的負面能量，想要壓抑都是不可能做到的事。唯有透過灶神星木星或灶神星天王星的和諧相位帶來的倫理與高等心智，才有辦法獲得昇華與轉化。

灶神星與木星的不和諧相位

灶神星木星如果形成的是不和諧相位，當事人還是會有能力可以轉化自己的性欲，但是很可能會因為過度轉化，不管是宗教、文化或對於他們認同的事物，因而成為基本教義派的狂熱份子。例如英國女王伊莉莎白一世（Elizabeth I of England）就有灶神星木星的一百八十度相位。終身未婚的她可說將灶神星生命的火種，轉變成拓展大英帝國版圖的狂熱。灶神星跟木星只要形成相位，都代表當事人對生命的原創性昇華、轉向木星的社會領域。如果是和諧相位，這種昇華會導向社會文明的提升，但性的本質就是征服，如果是不和諧相位，當事人就特別會在政治、教育、文明、宗教方面想要征服別人，進而衍生出強烈的帝國主義或狂熱的傳教士心態。

Chapter/7

灶神星土星相位的專注壓抑

凡是本命星圖中灶神星跟土星形成相位，當事人都會特別想要將生命的火種放到具有實際目標的事物上，想要將自己的能量化為具象事物的實踐。他們會很嚴肅的將生命火種的創造力，用非常有紀律、專心、腳踏實地的方式，來實踐他們的目標。

如果灶神星土星形成的是和諧相位，當事人對生命會有很多實際的社會性目標，他們也會腳踏實地的去逐步完成。土星的和諧相位意謂著當事人生命的火種能夠得到有效管理，能夠更為能量集中，其中也包括對於性的管理。他們不會想要讓性能量燒成無法控制的熊熊烈火。

灶神星土星跟灶神星木星的差別，在於灶神星木星的人會藉由昇華的方式來管理生命火種，但灶神星土星則不然。灶神星土星是基於對社會制度的尊敬。前者是昇華，後者是紀律。

灶神星與土星的和諧相位

灶神星土星和諧相位由於專注性高，當事人一生不像灶神星木星的人會做很多事，但他們做的少數幾件事——甚至可能是唯一的一件事——會是很重要的事。例如我認識幾個研究員，就是他們專業領域中的頂尖專家。我有個朋友是國內很重要的腎臟科醫生，他每天的生活，就是學校的研究室、教書的學校、醫院、家——他的辦公室離醫院很近，而且住在醫院宿舍，一年大概會有三百多天，每天都在很小範圍的這四個地方，過著很規律的生活。

如果灶神星土星之間形成的是和諧相位，代表當事人對於他們決心想要完成的目標，幾乎無人可擋。如果本命星圖中灶神星土星形成的是不和諧相位，則意謂著當事人會在自己的責任與他人的責任之間產生衝突。因此他們可能必須為了完成他人的責任而犧牲自己的欲望，也可能為了滿足自己的欲望而犧牲對於他人的責任。畫家高更（Paul

Gauguin）的灶神星就跟土星合相在雙魚，同時又跟穀神星一百八。從他灶神星土星的合相可以看到，他對於藝術的追求可說奮不顧身，而且無人能抵擋。他原本是一個證券交易所的股票經紀人，三十幾歲才從去工作改行當畫家，甚至四十三歲時還大膽的搬去大溪地，不但在那邊娶妻，還不停的跟很多人上床——雖然他生前一直經濟拮据，直到死後才真正走紅，但他在大溪地過的算是是帝王般的生活。

灶神星穀神星的一百八十度對立，代表他在追求灶神星生命火種時沒有盡到應盡的母職，他丟下了妻子跟五個小孩，對他太太來說，這個先生可說是完全沒有盡到任何養小孩的義務就離家出走。他雖然是這五個小孩生理上的父親，可是從來不曾擔負起養育小孩的責任。

灶神星土星的不和諧相位

灶神星土星的不和諧相位，意謂著灶神星本能會因為土星而壓抑。我認識一個灶神星土星九十的人，他的太太就是所謂的「妻管嚴」，管他管得非常嚴。他的灶神星在雙魚，土星在人馬，他一生中必須擔負許多由太太而來的重責，因而不得不犧牲自己想做的事。不管是為了道德、一夫一妻的責任，使他無法兼顧自己生命火種的本能需求。以這個朋友為例，他是一個工作狂，這輩子從來不出國。雖然大家常常告訴他，他的工作沒有重要到連出國五天都辦不到，但是他永遠會說，萬一就在這五天工作出問題怎麼辦？雖然他一年到頭每天都忙得不得了，但是每天忙的其實也並不是什麼了不起的事。灶神星土星九十的問題並不在於外在事物帶來的責任，而在於他們整個生命的創造力被自己禁錮。他們生命的火種無法燃燒，快要自己把自己悶死了。

Chapter/8

灶神星天王星相位的高等智慧

灶神星天王星的相位，情況跟灶神星木星相位有些類似，木星是社會的真理，而天王星是宇宙的真理，它是更為高等的心智能量，所以灶神星天王星相位會比灶神星木星強很多。

本命星圖中如果灶神星天王星形成和諧相位，會使當事人對他人有很強的直覺，他們會很適合研究科學、知識或玄學相關的宇宙智慧。當事人都會強烈的想要追求宇宙真理。他們的灶神星的性火種，會轉變為知識或宇宙火種的能量。

灶神星與天王星的和諧相位

灶神星與天王星和諧的人很有創造力，他們往往能夠將灶神星的生命火種，完全轉化為宇宙的創造力，轉化為宇宙智慧的原創能量。

灶神星天王星和諧相位的創造力跟水星天王星有些不同。本命星圖中如果水星天王星形成和諧相位，代表當事人會很聰明，腦筋很好。但是這跟灶神星天王星和諧相位致力於將聰明化為一種本能的、知識的、精神的創造力是不同的。一個水星天王星相位很好的人，不見得會有想要把知識化為宇宙創造物的強烈渴望，他們也不像灶神星天王星和諧相位的人那麼有感染力。

像我自己就是灶神星天王星合相在八宮、水星天王星一百二、灶神星水星一百二，水星落在十二宮。如果不是透過星圖相位，實在很難解釋為什麼我會致力於占星的教學。其中的關鍵在於灶神星天王星合相。其實我認識很多水星天王星一百二的人，如果沒有同時跟灶神星形成相位，他們就不會有強烈的將生命火種轉化成靈性的需求。

灶神星天王星和諧的人對革命或性的態度也比較開明，他們不喜歡受到束縛。由於灶神星天王星的和諧相位會把性的火種，轉化為宇宙智慧的追求，所以高等心智創造對他們來說很重要。隨著性能量的不斷昇華，他們展現性能量的方式也會有很明顯的改變。我有個作家朋友就是這樣，灶神星牡羊的他，年輕時展現性能量的方式跟別的灶神星牡羊沒什麼不同，但是隨著年紀增長，他也明顯的收起對於性的玩心，越來越致力於智慧的追求。相較之下，灶神星冥王星的相位，不管和諧或不和諧，當事人都不會脫離性的本質太遠，因為與他人之間跟性有關的深刻連結，就是灶神星冥王星相位必須要學的生命功課，因此不像灶神星木星、灶神星天王星的相位能夠帶來轉化。

灶神星與天王星的不和諧相位

灶神星跟前衛的天王星如果形成的是和諧相位，當事人會很開明，但不會很古怪，他們有興趣的是宇宙的高等心智，而非對人間的反叛與對抗。

灶神星天王星如果形成的是不和諧相位，他們跟和諧相位的人一樣很聰明，但是他們會將能量用來對抗社會上傳統保守的事物，因此更容易顯現出跟一般人不同的古怪的一面。

在所有灶神星天王星相位中，只有灶神星天王星九十跟性有關。原因在於九十度相位帶來衝突，雖然還是有影響力，但是會削弱天王星的轉化能量，因此當事人在性方面比較不容易昇華。此外，灶神星天王星九十的人，不管是在性方面，或是宗教、倫理與各種傳統價值相關事物上具有強烈的反叛精神。例如蔡康永、陳文茜就有這個相位。

灶神星天王星的和諧相位的人雖然思想絕不保守，但是和諧相位會使他們將生命之火的能量發揮在追求宇宙智慧，以致於反而沒有太多精力去做革命家，去反抗社會、去反抗傳統、對抗僵固的制度。

Chapter/9

灶神星海王星相位的靈性體驗

灶神星如果跟海王星形成相位，代表當事人特別容易超越性的本身——而非灶神星天王星的知性昇華——將生命火種化為對全人類、全宇宙的靈性大愛。就像修女會將性能量的生命之火化為對上帝的愛，或者對貧困者的慈悲。他們會是真心相信靈性之愛的人。

本命星圖中有金星海王星相位的人喜歡美、喜歡藝術。灶神星海王星相位跟金星海王星相位的不同，在於灶神星的火種都是生命功課，它是一個人想要致力完成的目標。一個人如果本命星圖中金星海王星一百二，他可能很有同情心、有靈性，但未必會想要實際去做靈性的社會工作。

我的朋友王耿瑜辦紫絲帶影展時，遇到一件有趣的事，她想要在《破周報》登廣告，結果接到對方廣告ＡＥ來電，告訴她由於紫絲帶影展是一個公益活動，《破周報》有專供公益團體使用的免費版面，所以不但不需要付廣告費，他還幫她轉到更大的版面。後來我問了這個《破周報》ＡＥ的出生時間，果然他有灶神星海王星的和諧相位。

這個人非常特別，王耿瑜說，他全程參加了她的公益活動，這是大部分廣告ＡＥ不會做的事。而且由於他抵制某個很大的飲料廠牌，我也因而減用某個大廠牌的瓶裝飲用水。因為他說得有道理：這個跨國廠牌因為規模太大，為了商業利益而做了一些不符合環保或人權的事情，比如之前被爆出在印度僱用童工，身為一個消費者，應該要以行動抵制這類的廠商。我認識從事社會工作的人不少，但是像他這麼真心相信公義價值的人，其實不多。

灶神星海王星相位可以是宗教的、靈性的、社會公益的相關領域，它也可以發揮在藝術上。對於他們來說，藝術會是他們真正的生命火種。

我認識一個藝術家就是這樣。如同前面提到，很多做社會公益的人並不見得全心相信公益，很多做藝術的也不見得是因為相信藝術才進藝術圈。有的人可能是為了賺錢，也可能只是不擅長做別的事情。但這個藝術家熱衷於提攜後進，即使對方曾經批評過他，只要認為對方有才華，他還是會予以支持。由此可見他是真心相信藝術，而不是為了培養人脈勢力之類的個人利益。

灶神星與海王星的和諧相位

對灶神星海王星和諧相位的人來說，他們會專注於投注生命能量於藝術、靈性、文化等相關領域，因為他們真心相信它們的價值，而不是嘴上講講而已。他們也會將一部分的生命火種用於藝術創作上。因此灶神星海王星的和諧相位會帶來藝術或文學創作的高等能量。

在性的方面，灶神星海王星和諧相位的人會將性視為一個神祕的旅程。如果說灶神星天王星和諧相位的人想要跟宇宙對話，灶神星海王星和諧相位的人想要的是跟宇宙交媾。也因此，很多灶神星海王星和諧相位的人對神祕學很有興趣。海王星的神祕學跟天王星的玄學是不同的，玄學是一種需要動腦的知識研究，例如占星學就是玄學，屬於天王星；而太極、瑜伽則屬於神祕學，屬於海王星，神祕學追求的是神祕體驗，需要感同身受，去體驗與宇宙一體的感受。

如果說灶神星冥王星相位會想要透過性，跟他人產生深刻的連結，那麼對灶神星海王星相位則會將性視為一種超越個人、跟宇宙連結的出神體驗。兩者的差異在於，對灶神星冥王星來說，跟做愛的對象建立深刻關係是很重要的事；但對灶神星海王星來說，做愛就像是跟宇宙性交，因而跟宇宙產生關聯，它具有非個人特質。

灶神星與海王星的不和諧相位

如果一個人本命星圖中灶神星跟海王星不和諧相位，往往會讓當事人對藝術展現出強烈的狂熱。而灶神星海王星的不和諧相位展現出來的狂熱，則往往會比和諧相位更強。

海王星是一顆跟藝術有關的行星，電影也是一種藝術，電影跟海王星的關聯非常深，因為它是一種造夢的藝術。很多從事電影工作的人都有灶神星海王星相位，在各種海王星相位中，只有水星海王星的相位跟寫作有關，其他不管是月亮海王星相位、土星海王星相位、灶神星海王星相位，不管相位好壞它們往往會跟攝影、電影、戲劇有關。因為這些都是將複製現實的藝術，它們都不像詩或小說這類文字創作這麼抽象。

灶神星海王星如果形成了不和諧相位，當事人往往現實感很差，對於現實有很多錯誤的看法。他們容易在人生中遭遇大量的失望，也常常會用藝術作為逃避現實的出口。因此灶神星海王星不和諧相位的人，他們往往比和諧相位的人更像藝術家，因為他們常常會為藝術所苦。

灶神星海王星和諧相位的人因為真正相信藝術，他們就容易從藝術中得到快樂，但不和諧相位的人一方面相信藝術，但是卻又信心不足，所以如果票房或口碑不好，他們就會感到痛苦，他們不像和諧相位的人能夠完全從創作過程中得到快樂。

此外，灶神星海王星的不和諧相位也比較不容易轉向跟宇宙神祕一體的連結，因為不和諧相位會讓灶神星保有比較多的性本能欲望，這些欲望會妨礙當事人與宇宙融為一體。

真正能夠跟宇宙融為一體，就是所謂的「忘我」境界，不管是藝術，或者神祕學的體驗，都有機會可以讓人達到忘我境界。灶神星海王星相位是否和諧，差別就在於和諧相位的人很容易能在這些事物中進入忘我，而不和諧相位的人追求忘我，追求跟藝術或神祕學融為一體，但是他們會經歷很多波折、失望，以及人生的起伏。原因在於他們很難真正忘記灶神星的本能欲望，並沒有真正超越自我。

Chapter/10

灶神星冥王星相位的星火燎原

灶神星冥王星課題非常複雜，但它是性愛與情感的重要功課。

灶神星跟冥王星，這兩顆星都跟性有關。差別在於灶神星是跟他人連結的個人性活動；冥王星則代表集體社會的性能量。灶神星冥王星如果形成和諧相位，意謂著個人的性欲望，可以跟人類集體的性能量產生關聯。也意謂著當事人可以藉由個人的性欲與性行為，理解到人類集體性能量之間的關係。而灶神星冥王星如果形成不和諧相位，當事人自我的性欲，同樣會受到人類集體性能量的火花影響，但是火勢超出他們能力範圍，因而難以控制。他們不像和諧相位的人可以親近性能量之火，但不會被烈火焚身。

灶神星的個人火種是創造，冥王星人類集體的火也是創造。這兩種能量和諧的可貴之處，在於它為當事人帶來的創造力非常強。雖然我自己沒有這個相位，無法從個人親身體驗的角度提供第一手經驗，但是純粹以邏輯來分析，倒也不難理解。如果一個人一生中能夠跟這麼多人透過性的連結，而能夠在個人性欲及人類集體性能量上擁有深刻的體驗，他們一定會比一夫一妻的人學到更多功課。

其實每一個人都活在性的壓抑當中，因為這樣讓我們感到安全。社會告訴我們一夫一妻是安全的，整個社會的價值都告訴大家性必須受到管理、分配，它才會安全。但是社會的價值並不等同於生命的價值，只不過我們往往沒有力量去對抗社會價值。何況當我們看到灶神星冥王星九十或一百八十度的人在性方面的下場很慘，因而更加深了我們的恐懼。但是讓我們恐懼而不敢使用的能量，不意謂著這個能量本身是錯誤的。跟別人產生深刻關係是有意義的，可是我們會覺得這件事情在生命當中有其配額，最好一生跟三五個人發生深刻關係就好，而不要跟三五十個人有深刻關係。但為什麼我們會覺得後者比較不好，其實是受到社會化的制約，當一夫一妻制說它是糟糕的、當社會價值說它是糟糕的、當人心的黑暗說它是糟糕的，我們就理所當然認為它很糟糕。

我認識一個灶神星冥王星六十度次和諧相的人。他跟他太太一個住在台灣，一個住在歐洲，兩人可以說是過著一種開放性的婚姻。大家一聽到這種婚姻形式，多半直覺會認為這兩個人感情一定不好，但其實他們夫妻感情相當好，他生活上遇到大小事，都會打電話跟太太說，如果遇到較長年假時，還會去歐洲跟太太一起過。

一對夫妻終身一夫一妻，不代表他們感情很好；一對夫妻過著開放性的婚姻，也不代表他們貌合神離。這只有當事人心裡心知肚明——或者從占星圖中可以得知真相。很多男人除非被抓到，否則通常不會主動承認自己有外遇。但我認識一個勇於跟太太坦承的男人。也因為外遇的第三者是認識的人，所以有點鬧得沸沸揚揚，惹出不少閒話。有一次我就在朋友場合中聽到有人用不懷好意的語氣，問他這件外遇的事。他正色說，我只不過是愛上了這個女人。他的回答讓我頗為佩服，也很感動。畢竟很多這種發生外遇的中年男人，面對這種閒話通常是先連忙否認，要不然也可能用一些「家花哪有野花香」之類的輕浮態度迴避。很多人發生外遇時選擇隱瞞，甚至連自己真實的感覺也不想面對。但這個人願意將自己的欲望與愛連結在一起，這個人就有灶神星冥王星的和諧相位。如果是冥王星金星九十的人，可能外遇要的就只是性，但這個人願意承認自己跟別人上床，是因為愛上了對方。

這其實是一種八卦週刊不懂的價值。當然他知道自己是有太太的已婚男人，但他不會因為結了婚就否認自己會有愛上別人的可能性，或者貶抑這種愛。很多人結了婚之後就覺得自己不可以愛上別人，或者否認、貶抑自己的愛，把這件事講得很難聽，甚至連對自己都不誠實。即使真的愛上了別人，也無法誠實的承認自己跟對方上床是因為愛上對方，但這個人可以。因此他可以超越一般世俗對於性、愛的某一些既定想法，而這些既定想法其實禁錮了愛。它們禁錮的是人類對於愛的真正的態度。因為一個人在已婚狀態時愛上別人是有可能的，但是因為這些既定想法，讓大家不願意承認它的可能性。當一個人遇到這種事的時候，如果不肯對自己承認、對另一半承認、對外遇對象承認，這件事情就降格成為了一場權力遊戲。當一個人害怕自己因此變得脆弱，害怕因此失去婚姻、金錢、安全感，害怕被人背叛、傷害，當一個人害怕這個、害怕那個，只顧著這些現實考量的時候，真實的愛也就不存在了——灶神星冥王星九十的人最會搞這套，他們不想要承認這就是愛。

坦承自己愛上別人的這個人，其實當時已經跟外遇對象分手了。一個人在這種情況下，不管是推說自己一時糊塗，或者說是對方主動引誘，他可以有幾百種說法，但只要用了這些藉口，這就不是一個真正懂得愛的人。

雖然灶神星冥王星一百八的人到最後，終究會誠實面對自己的情感，但中間會經歷許多波折，而且他們會經常遇到這方面的衝突，他們不像灶神星冥王星和諧相位的人這麼容易學會轉化。灶神星冥王星如果形成和諧相位，除非灶神星落在牡羊，否則當事人不會經常遇到這方面的課題。

灶神星是一個人永恆的生命火種。它可以是最基本的性能量，也可以昇華成為創造力，成為情緒的、心智的，甚至文明的、靈性的火種。在本命星圖中，當灶神星太陽、月亮、水星、金星、火星這五顆個人行星形成相位時，它容易呈現在跟個人意識、個人感官上的功能，如果想要將灶神星的能量昇華，難度會比灶神星跟木星、土星、天王星、海王星、冥王星相位要高。原因在於木星、土星、天王星、海王星、冥王星本來就是非個人行星，當一個人星圖中跟灶神星形成相位的是這五顆外行星，代表當事人這輩子跟灶神星有關的靈魂學習上，本來就是被設計成必須面對比較多社會性、宇宙性的課題。也因此，如果一個人的灶神星是跟五顆個人行星形成的相位，跟性的關係都會比較大。

五顆外行星當中，只有冥王星特別跟性有關。原因在於冥王星的能量跟天蠍座與八宮有關，因此冥王星可以說是六七八宮人際關係的總結。不管是地獄之門或天堂之門，冥王星是一個人進入社會關係、宇宙意識前的最後一關，因此它跟人馬、摩羯（九宮、十宮）的社會能量，以及天王星、海王星（十一宮、十二宮）的宇宙意識並不相同。所以一個人本命星圖中灶神星跟冥王星形成的相位，情況會比灶神星金星或灶神星火星相位的情況更為複雜。

灶神星跟太陽到火星這五顆內行星如果形成相位，都是在探討一個人本身具有的各種原欲，也就是心理學上說的「力比多」（libido），如何透過灶神星性能量的驅策力而轉化。而灶神星冥王星的相位，則代表了以上所說的灶神星在經歷了不管是個人意識的、感官的各種原欲的連結之後，進入了總清算的最後關頭。藉由帶來的冥王星毀滅與新生，灶神星跟各種個人原欲形成的關係，進入了能量轉化的最後階段。

凡是本命星圖中有冥王星灶神星相位的人，都意謂著當事人在生命中必須面對性的原欲、性的昇華、性的毀滅與性的提升，課題都遠比灶神星與太陽、月亮、水星、金星、火星相位的人來得更多。

在本命星圖中，土星、海王星、冥王星這三顆外行星，以及穀神星、灶神星、婚神星與智神星這四顆小行星，它們都跟業力及靈魂的選擇關係很深。但土星是社會星、海王星是宇宙星，當事人根本無從自覺，而冥王星又極度隱藏，所以其中當事人最能夠自覺的，就是這四顆小行星。只有這四顆小行星是當事人最能夠感受到自己要的是什麼，因此這四顆小行星在靈魂的學習上特別重要。這並不是說它們的業力比土星還大，而是說四小行星是我們比較可以對話的領域。

我最近認識一個月土九十的人。像月土九十的剋相，就是一種令人無能為力的業力，而且往往不是個人能夠掌握的家族業力，以及家庭重擔，這個業力唯一能夠讓人具體理解的地方，只有它往往會透過當事人跟母親的困難關係來發揮影響力。至於土星負面相位的其他層面，例如社會限制，當事人不可能有辦法去跟社會的集體壓力對話。唯有四小行星的課題，不管是穀神星的付出、灶神星的奉獻、婚神星為伴侶約束，或者智神星與他人溝通，這些都有個人對話的空間。它們都跟個人的選擇有關。冥王星跟四顆小行星一樣，都跟個人的人際關係有關，但四顆小行星並不會隱藏，所以比較能夠跟這些課題對話。冥王星雖然也跟個人的人際關係有關，但它的課題往往被隱藏在潛意識很深的地方，對話空間因而受到壓抑。

灶神星跟冥王星的和諧相位

當一個人本命星圖中灶神星跟冥王星形成和諧相位，意謂著當事人已經從地獄之門走了出來。灶神星冥王星的和諧相位，代表當事人可以透過與他人之間性能量的連結，達到自我治療與啟蒙的能力。性以及與其相關的隱藏事物，可以為他們的生命帶來轉化的力量。

本命星圖中灶神星冥王星和諧相位的人，通常他們在性方面可以超脫傳統對性的束縛與掙扎，他們可以藉由性跟他人產生深刻關係，並且得到靈魂與精神的淨化。這是外人很難從他們的行為來斷定的事情。表面上他們做的事情跟九十度、一百八十度負面相位差不多，但奇怪的是，他們不會因為這些事情而惹出大麻煩。

灶神星冥王星的負面相位，會引出冥王星本身具有的占有欲，因此灶神星冥王星的九十度或一百八十度相位，都意謂著當事人的灶神星會受人約束，其中又以九十度相位最為嚴重。灶神星冥王星負面相位的黑暗，其實也跟被管有關，因為被管，所以無法真實面對。而灶神星冥王星和諧相位的人不會被管，和諧相位不會帶來負面能量的衝突。

可是這個相位的特殊之處在於，它還是會為當事人帶來很深刻的關係，因為所有灶神星跟冥王星形成的相位，都意謂著當事人必須透過深刻的親密關係而得到學習與轉化。

我可以舉一個大家都知道的例子，就是影星成龍。成龍就有灶神星冥王星的一百二十度和諧相位。他的灶神星在牡羊，冥王星在獅子。前面提到，灶神星在牡羊的人，除非同時土星又跟灶神星九十，否則往往愛做什麼就做什麼，在性方面沒有人管得了他。從成龍身上我們首先可以看到，他的太太並沒有管他——光是這一點，其實就讓他必須面對的黑暗處境少了很多。成龍早年曾經有一個紅粉知己，後來她在泰國清邁過世時，成龍為此極度哀痛。他們年輕的時候感情很好，但因為成龍不願意為她改變，兩人終究還是分手。灶神星冥王星的和諧相位，意謂著灶神星生命的火種、冥王星性的深刻激情，它們跟當事人的生命轉化是連結在一起的。他們在重要親密關係中不會只有性的連結，還會產生很深刻的情感連結。

如果從一夫一妻制觀點來看，他們憑什麼可以跟他人擁有這麼多性的連結卻不出事？在別人眼中看來，他們的確未免太幸運了些。但從占星學的理論來看，灶神星冥王星的和諧相位，代表當事人這些親密關係都不是遊戲，都不會只是性的利用、發洩。從成龍的例子可以看到，儘管緋聞不斷，但事實上這些人中卻沒有誰真的恨他，至少沒有鬧上法庭、對簿公堂。即使出過幾次事，嚴格來說，也是媒體興風作浪的成分居多。這也代表了在每一段關係中，他並沒有在性、權力、金錢上剝削別人。

我們可以說，在親密關係中，即使是外遇，會被女人鬧出來的都不是好男人，會被男人鬧出來的也不是好女人。因為如果是付出了真正感情的好男人、好女人，即使親密關係出了問題，對方也不會想要出來鬧。如果有人出來鬧，一定代表了其中有一方感覺到自己受到了不公平的對待。一定有一方因為受到了剝削、利用，所以產生了恨意。

灶神星冥王星的和諧相位，意謂著當事人這輩子有機會體驗到比較複雜、深刻、激情的性關係。而且他們有機會跟很多人透過灶神星性的火種產生連結，也比較不會受到一夫一妻制的約束。

一夫一妻制是一種社會的規範，它對灶神星的發展未必有關。從占星邏輯來看，灶神星冥王星和諧相位的人，一輩子活到七十歲可能擁有幾十個不同的親密關係，相較於遵守一夫一妻制的人，他們可以從性的連結與激情中學到的功課當然比較多。

對於沒有這種需求的人來說，不管是灶神星的火種根本沒點燃，或者是被隱藏或轉化，這都不是他們這輩子要學的重點功課。灶神星冥王星和諧相位的人，這輩子要學的就是這個——只不過因為相位和諧，因此他們學這個功課時不需要付出很大的代價。

灶神星與冥王星的不和諧相位

在灶神星冥王星九十、一百八這兩個不和諧相位中，一百八十度的對立相位，反而比較容易帶來對話的可能。灶神星冥王星一百八的人，當他們遇到性的迷戀或者相關的黑暗事物時，往往會去尋求新生的可能。儘管不見得一定找得到，但他們比較不會完全深陷其中無法自拔。這個相位可說是介於地獄之門跟天堂之門中間。

當一個人本命星圖中有灶神星冥王星的不和諧相位，代表當事人一生中一定會遇到大量跟性有關的迷戀，或是性與權力之間的衝突。當事人往往會遇到跟性有關的毀滅性親密關係，或者會在社會上遇到大量跟金錢、權力有關的巨大衝突。

冥王星是一種比金星、火星更強的欲望，而且它是一種隱藏的欲望，因此想要處理灶神星冥王星不和諧相位帶來的問題，難度會比灶神星金星、灶神星火星不和諧相位更高。如果一個人本命星圖中有灶神星金星或灶神星火星的不和諧相位，他們不會隱藏生命中遇到的各種性愛問題，他們對自己這方面的問題都會有所自覺，別人也不難察覺到這些人的問題。但灶神星冥王星如果形成了不和諧相位，除非對當事人非常熟悉，否則灶神星冥王星不和諧相位的問題都會被隱藏，他們絕對不會是那種上脫口秀大談這些問題的人。因此不但旁人無法得知，有時候連當事人自己也不清楚問題出在哪裡。即使灶神星燃起了熊熊烈火，但也會被冥王星彷彿深深的埋在神龕裡而不為人知。

灶神星跟金星、火星有相位的人願意表達自己在性上面的態度，他們有可能會去從事色情行業的工作，而灶神星冥王星相位的人則不可能。

灶神星冥王星有不和諧相位的人，一生當中都會遇到許多複雜的情感關係，這些複雜的情感關係都是冥王星地獄之門的考驗。他們必須反覆一再面對這些醜惡的情感課題，透過痛苦的金錢、權力或情感關係，逼使他們面對轉換與淨化的可能。

本命星圖中灶神星冥王星的不和諧相位，都會使當事人必須在生命中面對自己的性與集體意識在性方面的轉換與淨化方面的強烈衝突。他們跟灶神星金星、灶神星火星最大的不同，在於灶神星冥王星有相位的人在生命中需要尋找的是一種深刻經驗，讓他們可以透過這種性上面的深刻經驗，來學習如何與他人之間建立起有意義的連結。

也因為他們一生都在尋找深刻經驗，因此特別容易被能夠帶來深刻經驗的人所吸引，迷戀上這樣的對象。除非當事人能經由占星學或心理學自我察覺的訓練，否則他們只知道有一股很強的莫名力量，逼使他們進入這樣的迷戀狀態，而很難知道在這種迷戀的背後，其實是想要去經歷人與人之間在情感與性愛上更深入的學習。灶神星冥王星相位要的是一種極度深刻的親密關係，所以很容易因此遇到很多黑暗經驗——這也是灶神星冥王星相位有別於灶神星金星、灶神星火星的特質。灶神星金星、火星不和諧相位會為當事人帶來親密關係的性愛難題，但是不表示這些難題一定很黑暗。同樣是外遇或雜交，灶神星金星、火星遇到情況可能只不過像是跟人打了一場網球賽一樣，非常單純、毫不黑暗。而且不像灶神星冥王星相位一樣遍體鱗傷，宛如拳擊賽——網球再怎麼打，了不起是讓人得網球肘，這還是得經年累月一直打，才會出現的問題，實在不能跟打拳擊相提並論。

灶神星與冥王星形成的不和諧相位中，九十度的衝突又比一百八十度的對立來得嚴重。原因在於灶神星冥王星一百八十度的相位雖然會使當事人經歷到許多黑暗功課，但這些黑暗功課都意謂著他們即將掙脫。儘管無法立即掙脫，但灶神星與冥王星一百八十度對立的巨大撕扯力量，會讓當事人能夠在很短的時間內學會轉化的功課。

而灶神星冥王星的九十度相位，雖然也會讓當事人察覺到自己在生命中時常遇到痛苦的黑暗功課，但由於他們面對原欲時我執較強，因而無法像灶神星冥王星一百八十度的人一樣，有能力透過冥王星的對立，而不斷試煉掙脫的可能性。

灶神星冥王星九十的人都會對於不可告人的性有著強烈迷戀。他們的性也都會有比較困難，甚至不可見人的一面。而且就社會的角度來看，他們很可能具有犯罪傾向，這個相位往往會透過黑暗的、衝突的、暴力的關係，來考驗當事人對於原欲的態度。

幾年前有一個新聞，有個電子公司的大老闆，因為外遇糾紛而跟包養多年的情婦對簿公堂，這個大老闆就有灶神星冥王星的九十度相位。灶神星冥王星九十的人一生常常會跟權力、金錢、性牽扯不清，他們容易有一種迷戀的性衝動，而這種性衝動背後其實是想要征服他人、征服世界。所以這種性衝動的背後並不是希望與他人連結，而是想要贏、想要征服。並且在這個過程中，發洩自己生命中最黑暗的能量。從那個大老闆的新聞中可以看到，他的情婦提到，當初自己被包養的原因之一，在於對方在床上有特殊的性癖好，他因為不想對他的太太做那些事，所以才找上她。

又如幾年前有一個知名導演跟合作多年的工作夥伴，上了一個很爛的旅館，結果被八卦週刊拍到。這兩個人都是灶神星冥王星九十。就外人的眼光來看，這兩個人就算有曖昧關係，也該是二十年前的陳年往事。八卦週刊原本要拍的是這個導演跟某個女明星的緋聞，但一直沒拍到，卻意外拍到了這兩個人進旅館。結果這個八卦一爆出來，大家最佩服的地方其實是這兩個人合作了二十年，居然還有興致上小旅館——更何況他們上的是不太高尚的廉價旅館，以他們的身價，即使不去五星級飯店，也至少應該去好一點的精品旅館吧？如果不知道他們有灶神星冥王星九十的問題，恐怕很難理解其中曲折。

金星、火星、冥王星、灶神星，這四顆行星都跟性愛有關。當它們彼此形成負面相位，都會帶來不同的問題。但由於灶神星代表的是生命的永恆火種，這四顆行星彼此形成的不和諧相位中，是否包含灶神星，情況就有顯著差別。例如火星冥王星的九十度剋相，如果靈性發展的層次很低，當事人可能會成為性暴力犯罪者。他們會被火星冥王星剋相所驅策，做出很黑暗的行為，但往往不能理解這些行為背後的意義。像白曉燕命案的主嫌陳進興，就有火星冥王星九十度剋相，他可能一直到死前都不曉得自己為什麼要做出這麼可怕的事情。又如金星如果跟冥王星形成九十度剋相，意謂著當事人會有情感上過度執著的問題。但金星的負面相位不見得會反映在實際的行動上，而且容易轉換到別的事物上，所以很多金星冥王星九十的人，他們或許一輩子都沒有真的去惹出什麼麻煩事，但不代表他們的靈魂比較清高。

但如果是灶神星冥王星九十度剋相，灶神星是生命的永恆火種，它不像金星那樣可以被壓抑。而它跟火星又不一樣，火星冥王星九十的人不見得知道自己為什麼想要去強暴別人，但灶神星冥王星九十的人對這些非做不可的欲望很有自覺。原因在於火星冥王星會被強烈的欲望驅使，但火星的欲望並不是靈魂的需求，這種迷戀或執著往往純屬衝動，其中並不帶有靈魂的認可。灶神星冥王星九十度剋相則帶有靈魂需求，即使明知前面是地獄之門，他們也非得走一趟。

灶神星冥王星九十其實是一個桃花指數很高的相位。原因在於當一個人本命星圖中灶神星跟冥王星形成九十度相位，代表人際間的複雜關係會是當事人這輩子的重要功課，因此不管是他們主動追求，或者被動招惹，他們這輩子一定逃不掉這個課題。

這種桃花跟長相好不好看無關，它是一種因為相位而造成的能量場。其實我們平常看人的時候，看的其實是能量場，能量場往往是跟五官長相無關的。隨著能量場的不同，有的能量場會吸引特定的人事物，有的能量場則會排斥特定的人事物。灶神星冥王星九十，意謂著當事人就是會特別吸引性、權力、金錢有關的人事物，進入他們的能量場。

前陣子我去看鈕承澤導演的《情非得已之生存之道》，劇情是男主角一生中不斷碰到各式各樣複雜的性、金錢關係，也爆出很大的麻煩，於是他決定跟女友坦白這些年來自己在外頭的混亂男女關係。從這裡也可以看到灶神星冥王星九十與一百八相位的不同。灶神星冥王星九十的人會認為，對另一半坦承自己在親密關係上的混亂是沒有意義的，而一百八的人則會認為，唯有透過坦承與面對，才能帶來大徹大悟的契機。從這兩種態度可以看得出來，當灶神星冥王星一百八的人努力尋求自我理解與自我轉化的時候，灶神星冥王星九十的人還在地獄之門徘徊。

我認識一個朋友，他的本命星圖中灶神星冥王星一百八。他雖然已婚有小孩，但是外頭拈花惹草的關係從來沒少過，結果惹出大麻煩。有個外遇對象跑到他太太上班的地方鬧事，他的太太因為壓力太大而不得不辭去工作，得了憂鬱症。更嚴重的是，為了避免影響小孩，他把小孩送到國外讀書，沒想到小孩卻在國外車禍身亡。

灶神星冥王星負面相位帶來的問題往往非常嚴重。我有個灶神星冥王星九十的朋友，他是個頗有知名度的名人，但已婚的他還是腳踏好幾條船，同時跟不只一人發生婚外情，結果其中一個外遇對象一怒之下跑去八卦雜誌大爆料，外遇情節鉅細彌遺全部登上媒體版面。

姑且不以是非論斷外遇這件事，全台灣外遇的人何其多，前面提到的不管是被媒體大爆料、跟情婦對簿公堂，甚至於為了外遇而喪子，這些人付出的代價都太高了。原因在於這就是他們這輩子必須要學的功課。他們不像冥王星金星、火星剋相的人只是為了要經歷這樣的事情——很多冥王星金星剋相的人，即使當事人不是一般市井小民，不管是外遇或者更複雜的關係，他們也未必會被八卦週刊抓到。灶神星冥王星的負面相位，一定會透過這種嚴厲的方式，讓當事人被迫不得不從中得到很大的教訓。一個人遇到這麼難的功課之後，必然會逼使他們跟自己內在的欲望對話，因而帶來淨化與轉換。

本命星圖中如果灶神星冥王星形成一百八十度負面相位，意謂著當事人一生中必然要走一趟地獄之門，但是在最黑暗的地獄底端，他們會開始跟內在欲望對話，找到自我淨化的契機。這是一種非常難能可貴的靈魂學習——對於沒有這個相位的大部分人來說，一輩子雖然沒有在生活中惹出大麻煩，但不代表他們的靈魂被淨化。也就是說，灶神星冥王星的不和諧相位，雖然當事人會因此惹出大麻煩，甚至登上媒體，但他們不見得真的做了什麼大壞事；很多人從來沒有在這方面惹出麻煩，但是不表示這些人就一定是好人。

對於沒有灶神星相位、灶神星課題不重的人來說，灶神星的火種可能都被埋在生命很底層的地方，他們可能要等到下一世或好幾世以後，灶神星的生命火種才會燒成熊熊烈火。這就像是佛家說，沒有拿起屠刀，怎麼知道你不會殺人。如果一個人生命之火沒有被點燃之前，又怎麼會知道自己不會慾火燎原？

灶神星冥王星的負面相位，意謂著生命的火種已經燒成烈火，當事人往往會因為冥王星的隱藏與執著，既無法撲滅也不願意撲滅，想要偷偷摸摸躲著燒，但是不和諧相位的負面能量，會讓他們不想被人發現卻終究會被發現。

如果當事人是九十度的剋相，他們往往怪媒體、怪別人；但如果是一百八十度的對立，當事人往往不會怪東怪西，他們知道這是自己的問題，並且好好願意面對這場生命中的火災，進而了解欲望有可能會星火燎原，也因此有機會開始面對欲望之火帶來的能量與失控。

冥王星火星負面相位的人不見得會覺得自己需要為性衝動負責，因為火星的衝動就像是野獸發情或者狩獵本能一樣，它是一種很本能的動物性的衝動。但灶神星並不是動物的衝動，它是一種屬於人的衝動。灶神星的性欲在於想要跟他人產生媾和，因此它是有意義的。火星的性衝動，目的在於自我滿足或生殖，它本身並沒有意義——但它的問題也不那麼嚴重，因為它並不會透過性，而跟他人產生權力、支配或占有之類的關係。

火星負面相位的衝動當然也會造成傷害，畢竟我們是人，不應該像動物一樣去強暴別人，但是強暴犯不見得會想要在人際關係中占有對方。

灶神星是一種人際關係中的性能量，因此永遠會有想要跟他人產生更深連結的需要。如果兩個人的合盤中，火星跟對方太陽合相，雙方可能會很容易來電。可是除非雙方還有其他比較穩固的相位，否則日火合相並不會把這兩個人綁在一起，因為他們來電過了就過了。可是如果這兩個人的合盤中是灶神星跟太陽合相，這種來電就會把他們綁在一起，因為灶神星是一種人際關係的性衝動。雖然比起火星，灶神星的衝動不會那麼強烈的被身體感受到。灶神星帶來的身體上的樂趣不像火星那麼大。

火星的樂趣是一種本能的生理興奮，就是英文說的「turn on」，而灶神星會讓人有一種就是想要跟對方在一起的衝動，但為什麼一定要透過性的連結跟對方產生關係？以前面提到上旅館被週刊拍到的導演為例，如果純粹以生理本能來說，明明去找二十幾歲的女明星上床，年輕的身體、漂亮的臉蛋會讓人比較有樂趣——何況並不是找不到，但為何他還是願意跟一個相識了二十幾年，不再年輕的老朋友上床？這裡面一定具有一些超越火星的欲望，兩人可以因而產生更深的關聯。基本上火星的衝動，大概都不會對超過五十歲的身體感興趣，只有灶神星能夠帶來永恆的欲望。所以大家年過中年，年紀超過四五十歲之後，如果想找性關係，大概得要找的是跟灶神星有關的性——對於火星來說，五十歲的身體、五十歲的皮膚，恐怕會讓火星的火熄滅。像曾經寫過《廣島之戀》、《情人》的法國作家瑪格麗特莒哈絲（Marguerite Duras），她的灶神星太陽合相在牡羊，爆發力非常強，難怪她到六十幾歲時還能跟三十幾歲的小男朋友談戀愛。

Chapter/11

灶神星與穀神星的相位

灶神星跟穀神星兩者共同掌管處女座，它們代表的是處女座的不同面向。處女座的本質是服務，灶神星藉由燃燒自己性能量來達成社會服務的目的，穀神星則以撫育、拉拔各種人事物長大為目標。兩者能量運作的差別，簡單來說，灶神星是一種為自己的效忠，穀神星是一種為別人的服務。

灶神星與穀神星的和諧相位

當灶神星跟穀神星之間如果形成和諧相位時，代表當事人在灶神星的自我獨立、自我專注，以及穀神星的自我奉獻比較容易取得平衡，這兩件事情彼此不會產生很大的衝突。也就是說，當事人在做自己想做的事情時，往往可以同時服務到他人。舉例來說，有的人可以在做父母的同時也能做自己，他們不會感覺到為人父母是一種束縛，他們不會因為做了母親或父親，就不能再自由的做一個女人或男人想做的事情。很多人做了父母之後就喪失性欲，灶神星穀神星之間相位和諧的人則不會有這種問題，他們不會因為必須要照顧別人而喪失自己的生命本能。

灶神星與穀神星的不和諧相位

灶神星穀神星的不和諧相位就不同了。當灶神星跟穀神星形成了九十度或一百八十度的不和諧相位時，當事人就會在為自我效忠及為他人奉獻這兩件事情上，產生很強的衝突與矛盾，他們如果要為他人奉獻時，就往往無法做自己。當他們與別人產生關聯時，自我的本能就會受到影響。

假設當事人從事的是護士工作，她可能就得要因為工作的關係，因而無法兼顧自己的情感需求；假設當事人成為了母親或父親以後，他們就會失去了自我的獨立，他們常會因為覺得自己成為了「孩子的媽」、「孩子的爸」，從此無法再做自己。

但如果從社會的角度來看，一個人在自我效忠與自我奉獻之間和諧與否，跟這個人是否能對社會產生正面貢獻是兩回事。和諧或不和諧，都是當事人個人的事，一個人或許在施展這兩個能量時很和諧，卻可能結果把社會搞得很悲慘。

例如毛澤東就是灶神星在處女二十度，穀神星（及跟創傷有關的凱龍星）在處女二十一度，形成了一個非常緊密的合相，這意謂著對他來說，想要兼顧做自己跟服務他人是很容易做到的事。他想要讓全中國的人都有飯可吃，他使用的方式是共產主義。在某種程度上，或許他也的確算是做到了這件事，有很長一段時間，全中國都在吃大鍋飯——儘管可能人人有大鍋飯可吃，但人人沒吃飽。可是他一輩子在做灶神星處女的自己想做的事情，都跟他的穀神星處女孕育新中國並沒有產生衝突。

穀神星不只是孕育一個家庭，也常常會是孕育一件事物、一個社會的母職。穀神星就像一個保母，它需要拉拔某一個人事物長大。與其說毛澤東是「新中國之父」，他更像是「新中國之母」，他的穀神星孕育出了一個共產主義的中國，而這件事情也同時符合他自己生命本能的灶神星強烈欲望，但如果就歷史評價來看，毛澤東這個新中國母親，其實是一個很恐怖的母親。

PART 5

附錄
星圖與天文曆查詢

附錄1

本命星圖怎麼看

每一張本命星圖都是一個人誕生時的命運密碼，想要清楚的將命運解碼，了解星圖的結構很重要。如果之前對星圖稍有研究，就會知道，本命星圖有三個主要架構：行星位在的星座、行星落入的宮位，以及行星與行星形成的相位。

行星就像是人生戲劇的演員，各自扮演不同角色，行星位在的星座，代表這個行星會透過這個星座的特質來展現它的能量。行星落入的宮位，則代表這個行星會將它的能量展現在什麼樣的生命情境。例如灶神星獅子的性能量就像是一場華麗的聲光秀，當它落在致力於賺錢的二宮，跟它落在為伴侶奉獻的七宮，就會有很大的差別。

至於兩顆行星如果形成相位，就像是兩個演員有了對手戲，生命戲劇也就因此產生了情節。

行星符號與星座符號

☉ 太陽
☽ 月亮
☿ 水星
♀ 金星
♂ 火星
♃ 木星
♄ 土星
♅ 天王星
♆ 海王星
♇ 冥王星
⚶ 灶神星
⚳ 穀神星
⚴ 智神星
⚵ 婚神星

♈ 牡羊座
♉ 金牛座
♊ 雙子座
♋ 巨蟹座
♌ 獅子座
♍ 處女座
♎ 天秤座
♏ 天蠍座
♐ 人馬座
♑ 摩羯座
♒ 寶瓶座
♓ 雙魚座

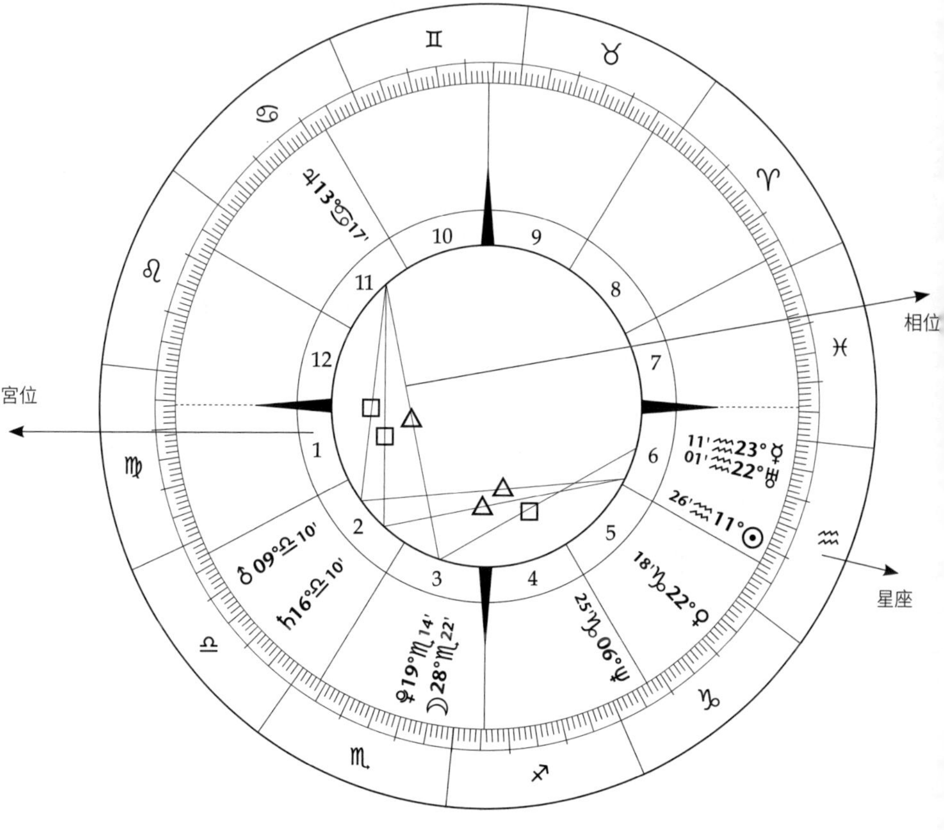
相位
宮位
星座
10
9
11
8
12
7
1
6
2
5
3
4

太陽：意志、人生目標，以及生命中的重要男性。
月亮：情緒、安全感，以及生命中的重要女性。
水星：思想、溝通能力、表達能力。
金星：情感、價值觀、吸引力。
火星：欲望、性衝動、肉體的行動力。
木星：智慧、機會、社會價值帶來的助益。
土星：責任、權威、現實世界的限制。
天王星：無常、變動，宇宙性的巨大改革力量。
海王星：藝術、慈悲，宇宙間沒有邊際的靈性力量。
冥王星：控制欲、執著，宇宙間毀滅與新生的巨大能量。
灶神星：跟他人溝通的性能量，帶來深刻的親密關係與創造力。
穀神星：想要為他人實際付出，想要拉拔人事物成長的天職。
智神星：以平等雙向溝通的心智能量與他人產生連結。
婚神星：當喜歡變成激情與佔有，愛就成為了責任，透過婚姻將兩人連結在一起。

一宮：童年環境，以及一個人看起來的感覺。
二宮：靠自己賺取的有形與無形的資產。
三宮：基礎教育、大眾媒體、寫作、兄弟姊妹。
四宮：家庭生活、內心之家。
五宮：戀愛、創作、子女、娛樂與賭博。
六宮：工作、健康，維持生命正常運作的事情。
七宮：伴侶、配偶、一對一的合夥關係。
八宮：權力、潛意識，與他人相關的金錢與性。
九宮：高等教育、哲學、宗教，旅行及外國事務。
十宮：事業、地位、社會形象。
十一宮：志同道合的友誼及社團關係。
十二宮：前世、業報與無意識。

附錄2

查詢星圖網站

1. Astrodienst: Horoscope and Astrology

網址：http://www.astro.com/

點選首頁右上角的「My Asrto」免費註冊，輸入出生資料後就可以排出本命星圖。若需中文化，還可以點選首頁右上角「中文」按鈕。

2. astrotheme.com

網址：http://www.astrotheme.com/

在首頁左側的「Free Astrology」點選「Horoscope, Sign, and Ascendant」進入填寫出生資料頁面，輸入資料後點選「next」，確定無誤後再次點選「next」，就可以排出一張包含小行星的本命星圖。

3. 占星之門

http://astrodoor.cc/

全中文占星網站，進入首頁後直接點選右上角「選單」，並選取「星座命盤」，就可以輸入資料排出中文化星圖。

1 請搜尋「占星之門」，或直接以網址「astrodoor.cc」進入首頁。在首頁右上角

登入　微信　臉書　選單▼

點選「選單▼」

2 進入輸入出生資料頁面

STEP1 請輸入國曆出生時間
西元 ______ 年 ______ 月 ______ 日

STEP2 請設定出生地點
台灣　台北

3 將出生資料填妥之後，請點選下方「▼顯示進階選項」之後，就會出現以下選單：

☐ 顯示小行星（凱龍星、婚神星、智神星、灶神星與穀神星）
☐ 顯示次要相位

請點選「☐ 顯示小行星」之後，再點選下方「辛苦了！請按我送出查詢」按鈕。

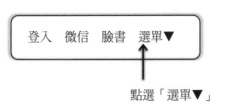

4 就會進入本命星圖頁面選單：

星盤圖片

行星位置

上升星座

星座比例

點開「星盤圖片」的藍色 bar，就可以看到包含小行星的本命星圖。

5 如果想看相位清單，請記得將網頁下拉，在網頁下方，還有四個藍色選單。
「法達運勢」、「進階資訊」、「十二宮位」、「相位列表」。
點開「相位列表」後，就可以看到哪些行星彼此形成了什麼相位，以及容許誤差度數幾度的明細表。

附錄 3　如何查詢小行星星座

1 如果想知道小行星的即時位置，可以上「astrotheme」網站。
可以直接搜尋「astrotheme」，或輸入網址：
https://www.astrotheme.com/
進入首頁後，網頁左方的
「Transits and Ephemerides」有包含小行星的現在即時行星位置及即時星圖。

將滑鼠移到即時星圖點下去，就會進入即時星圖的大圖頁面。

2 如果想要查詢特定時間的小行星位置天文曆，
可上「astro.com」。
可以直接搜尋「astro.com」，或輸入網址：
http://www.astro.com/

在網頁上方藍色底色處，有五個主選項：
「Home」、「Free Horoscopes」、「Astro Shop」、「All about Astrology」、「Contact」。
點選「All about Astrology」會出現許多選單，最右排選單「Ephemeris」中有以下選項：

- Ephemeris 2018
- Ephemeris 2019
- 9000 Years Ephemeris
- Swiss Ephemeris

3 點選「9000 Years Ephemeris」，
進入「Extended Chart Selection - Create an Ephemeris」頁面

4 在第二排選單：
Methods: Circular charts | Special charts | Ephemeris | Pullen/Astrolog
點選「Ephemeris」
並且在下方的「Please select」旁的下拉選單中，
選擇「Ephemeris/Asteroids for a year, PDF」，
先別急著點旁邊的「Click here to show ephemeris」按鈕。

5 先到下一欄的「Start date」輸入要查詢的年份，
再點「Click here to show ephemeris」按鈕，
就會出現該年度的小行星逐日天文曆。

附錄 4 灶神星星座簡表

1941

1/1~6/10 獅子

6/11~8/18 處女

8/19~10/16 天秤

10/17~12/11 天蠍

12/12~12/31 人馬

1942

1/1~2/6 人馬

2/7~4/16 摩羯

4/17~8/20 寶瓶

8/21~9/30 摩羯

10/1~12/30 寶瓶

12/31 雙魚

1943

1/1~3/5 雙魚

3/6~5/9 牡羊

5/10~6/20 金牛

6/21~12/31 雙子

1944

1/1~5/4 雙子

5/5~6/14 巨蟹

6/15~9/18 獅子

9/19~11/25 處女

11/26~12/31 天秤

1951

1/1~3/31 金牛

4/1~6/12 雙子

6/13~8/20 巨蟹

8/21~11/3 獅子

11/4~12/31 處女

1952

1/1~4/8 處女

4/9~4/19 獅子

4/20~6/28 處女

6/29~9/28 天秤

9/29~11/23 天蠍

11/24~12/31 人馬

1953

1/1~1/18 人馬

1/19~3/18 摩羯

3/19~6/23 寶瓶

6/24~7/9 雙魚

7/10~12/4 寶瓶

12/5~12/31 雙魚

1954

1/1~2/15 雙魚

2/16~4/22 牡羊

4/23~6/30 金牛

7/1~10/3 雙子

10/4~11/21 巨蟹

11/22~12/31 雙子

1955

1/1~4/13 雙子

4/14~6/28 巨蟹

6/29~9/1 獅子

9/2~11/4 處女

11/5~12/31 天秤

1945

1/1~8/12 天秤

8/13~10/14 天蠍

10/15~12/10 人馬

12/11~12/31 摩羯

1946

1/1~2/4 摩羯

2/5~4/5 寶瓶

4/5~6/21 雙魚

6/22~9/20 牡羊

9/21~12/26 雙魚

12/27~12/31 牡羊

1947

1/1~3/17 牡羊

3/18~5/25 金牛

5/26~8/4 雙子

8/5~12/31 巨蟹

1948

1/1~5/15 巨蟹

5/16~7/25 獅子

7/26~9/25 處女

9/26~11/23 天秤

11/24~12/31 天蠍

1949

1/1~1/24 天蠍

1/25~10/3 人馬

10/4~12/10 摩羯

12/11~12/31 寶瓶

1950

1/1~2/8 寶瓶

2/9~4/10 雙魚

4/11~6/18 牡羊

6/19~12/31 金牛

3/26~5/29 牡羊

5/30~8/24 金牛

8/25~11/5 雙子

11/6~12/31 金牛

1962

1/1~3/9 金牛

3/10~5/26 雙子

5/27~8/3 巨蟹

8/4~10/11 獅子

10/12~12/31 處女

1963

1/1~1/16 處女

1/17~2/13 天秤

2/14~7/3 處女

7/4~9/10 天秤

9/11~11/6 天蠍

11/7~12/31 人馬

1964

1/1~1/1 人馬

1/2~2/27 摩羯

2/28~5/3 寶瓶

5/4~12/31 雙魚

1965

1/1~1/28 雙魚

1/29~4/6 牡羊

4/7~6/13 金牛

6/14~8/29 雙子

8/30~12/31 巨蟹

1966

1/1~1/26 巨蟹

1/27~3/7 雙子

3/8~6/10 巨蟹

6/11~8/16 獅子

8/17~10/17 處女

1956

1/1~1/16 天秤

1/17~5/17 天蠍

5/18~6/30 天秤

7/1~9/23 天蠍

9/24~11/22 人馬

11/23~12/31 摩羯

1957

1/1~1/18 摩羯

1/19~3/18 寶瓶

3/19~5/23 雙魚

5/24~12/31 牡羊

1958

1/1~2/26 牡羊

2/27~5/9 金牛

5/10~6/17 雙子

6/18~10/3 巨蟹

10/4~12/31 獅子

1959

1/1~2/17 獅子

2/18~4/11 巨蟹

4/12~6/8 獅子

6/9~9/9 處女

9/10~11/6 天秤

11/7~12/31 天蠍

1960

1/1~1/3 天蠍

1/4~3/8 人馬

3/9~11/18 摩羯

11/19~12/31 寶瓶

1961

1/1~1/22 寶瓶

1/24~3/25 雙魚

7/21~10/19 摩羯

10/20~12/31 寶瓶

1972

1/1~1/4 寶瓶

1/5~3/8 雙魚

3/9~5/12 牡羊

5/13~7/25 金牛

7/26~12/31 雙子

1973

1/1~5/9 雙子

5/10~7/18 巨蟹

7/19~9/22 獅子

9/23~12/2 處女

12/3~12/31 天秤

1974

1/1~8/19 天秤

8/20~10/20 天蠍

10/21~12/15 人馬

12/16~12/31 摩羯

1975

1/1~2/9 摩羯

2/10~4/9 寶瓶

4/10~7/6 雙魚

7/7~8/27 牡羊

8/28~12/31 雙魚

1976

1/1~1/5 雙魚

1/6~3/21 牡羊

3/22~5/28 金牛

5/29~8/8 雙子

8/9~12/31 巨蟹

10/18~12/19 天秤

12/20~12/31 天蠍

1967

1/1~3/22 天蠍

3/23~4/16 人馬

4/17~8/27 天蠍

8/28~11/4 人馬

11/5~12/31 摩羯

1968

1/1~1/2 摩羯

1/3~3/1 寶瓶

3/2~5/2 雙魚

5/3~7/23 牡羊

7/24~10/10 金牛

10/11~12/31 牡羊

1969

1/1~2/2 牡羊

2/3~4/22 金牛

4/23~7/1 雙子

7/2~9/11 巨蟹

9/12~12/31 獅子

1970

1/1~6/16 獅子

6/17~8/22 處女

8/23~10/20 天秤

10/21~12/15 天蠍

12/16~12/31 人馬

1971

1/1~2/12 人馬

2/13~4/27 摩羯

4/28~7/20 寶瓶

12/14~12/31 雙魚

1983

1/1~2/21 雙魚

2/22~4/27 牡羊

4/28~7/5 金牛

7/6~12/31 雙子

1984

1/1~4/19 雙子

4/20~7/1 巨蟹

7/2~9/5 獅子

9/6~11/9 處女

11/10~12/31 天秤

1985

1/1~1/28 天秤

1/29~4/13 天蠍

4/14~7/19 天秤

7/20~9/30 天蠍

10/1~11/28 人馬

11/29~12/31 摩羯

1986

1/1~1/23 摩羯

1/24~3/23 寶瓶

3/24~5/30 雙魚

6/1~12/31 牡羊

1987

1/1~3/3 牡羊

3/4~5/13 金牛

5/14~7/22 雙子

7/23~10/12 巨蟹

10/13~12/31 獅子

1988

1/1~1/27 獅子

1/28~4/24 巨蟹

1977

1/1~5/21 巨蟹

5/22~7/30 獅子

7/31~9/30 處女

10/1~11/29 天秤

11/30~12/31 天蠍

1978

1/1~2/1 天蠍

2/2~10/12 人馬

10/13~12/15 摩羯

12/16~12/31 寶瓶

1979

1/1~2/13 寶瓶

2/14~4/15 雙魚

4/16~6/24 牡羊

6/25~12/31 金牛

1980

1/1~4/4 金牛

4/5~6/15 雙子

6/16~8/23 巨蟹

8/24~11/10 獅子

11/11~12/31 處女

1981

1/1~3/6 處女

3/7~5/15 獅子

5/16~8/4 處女

8/5~10/3 天秤

10/4~11/28 天蠍

11/29~12/31 人馬

1982

1/1~1/23 人馬

1/24~3/26 摩羯

3/27~12/13 寶瓶

5/13~/9/19 雙魚

9/20~11/3 寶瓶

11/4~12/31 雙魚

1994

1/1~2/2 雙魚

2/3~4/10 牡羊

4/11~6/17 金牛

6/18~9/5 雙子

9/6~12/31 巨蟹

1995

1/1~1/5 巨蟹

1/6~3/22 雙子

3/23~6/15 巨蟹

6/16~8/20 獅子

8/21~10/22 處女

10/23~12/26 天秤

12/27~12/31 天蠍

1996

1/1~9/4 天蠍

9/5~11/9 人馬

11/10~12/31 摩羯

1997

1/1~1/6 摩羯

1/7~3/5 寶瓶

3/6~5/7 雙魚

5/8~8/6 牡羊

8/7~9/19 金牛

9/20~12/31 牡羊

1998

1/1~2/9 牡羊

2/10~4/27 金牛

4/28~7/5 雙子

7/6~9/16 巨蟹

9/17~12/31 獅子

4/25~7/13 獅子

7/14~9/13 處女

9/14~11/11 天秤

11/12~12/31 天蠍

1989

1/1~1/8 天蠍

1/9~3/18 人馬

3/19~7/17 摩羯

7/18~8/29 人馬

8/30~11/25 摩羯

11/26~12/31 寶瓶

1990

1/1~1/27 寶瓶

1/28~3/29 雙魚

3/30~6/3 牡羊

6/4~9/8 金牛

9/9~10/15 雙子

10/16~12/31 金牛

1991

1/1~3/15 金牛

3/16~5/31 雙子

6/1~8/7 巨蟹

8/8~10/17 獅子

10/18~12/31 處女

1992

1/1~7/11 處女

7/12~9/14 天秤

9/15~11/11 天蠍

11/12~12/31 人馬

1993

1/1~1/5 人馬

1/6~3/4 摩羯

3/5~5/12 寶瓶

韓良露生命占星學院 09

生命之火為誰燒：點燃灶神星的性能量

作　　者／韓良露
撰述委員／宋偉祥、李幸宜、曾睦美、繆沛倫、韓沁林、羅美華
特約主編／繆沛倫
美術設計／蔡怡欣、Bear 工作室

創 辦 人／朱全斌
董 事 長／施俊宇
社　　長／許悔之
營 運 長／李長軒
編輯出版／南瓜國際有限公司
地址：110 台北市信義區東興路 45 號 8 樓
客服電話：（02）2795-3656
傳真：（02）2795-4100
總 經 銷／紅螞蟻圖書有限公司
地址：114 台北市內湖區舊宗路二段 121 巷 19 號
電話：（02）2795-3656
傳真：（02）2795-4100
網址：www.redant.com

ISBN 978-986-92916-9-9
初版一刷 2018 年 1 月 5 日
定價／ 320 元

韓良露生命占星學院 https://www.facebook.com/LuluAstrology

國家圖書館出版品預行編目 (CIP) 資料

生命之火為誰燒：點燃灶神星的性能量 / 韓良露著 .
-- 初版 . -- 臺北市：南瓜國際，2018.01
面；　公分
ISBN 978-986-92916-9-9(平裝)
1. 占星術
292.22　　1106024408